NOTES SUR LA RUSSIE

ANDRÉ BEAUNIER

NOTES SUR LA RUSSIE

TOLSTOÏ

LES ÉTUDIANTS — LA PEINTURE RUSSE

LES PÈLERINAGES

PARIS

TRICON, ÉDITEUR

90, RUE DE RENNES

1901

A Ivan Strannik.

PRÉFACE

Ces Notes n'ont pas la prétention d'aboutir à des conclusions définitives et catégoriques sur la Russie. Il est difficile, d'abord, de formuler sur ce pays étrange et démesuré des jugements très précis ; et puis, l'auteur manquait d'une documentation systématique. Voici donc seulement quelques impressions très simples et point ambitieuses, le souvenir de paysages variés, le journal authentique de plusieurs visites au comte Tolstoï, des promenades au jour le jour.

En dépit de l'Alliance, on connaît très mal la Russie en France, ou plutôt on ne la connaît pas du tout. Certes, nous avons reçu la visite du Tsar Nicolas, et les Russes reçurent celle de notre feu Tsar Félix Faure. En outre, des marins de nos deux nations amies et alliées sympathisèrent dans des ports et burent ensemble extrêmement. Enfin, les financiers français furent favorables aux emprunts russes. Cela créa de gentilles relations entre les diplomates de chez nous et les diplomates de là-bas, mais voilà tout. Il n'y a pas deux peuples au monde plus différents l'un de l'autre que ne le sont le peuple russe et le peuple français. Du reste, il n'est pas démontré que cela doive nuire à leur affection réciproque. Les alliances internationales sont des combinaisons d'hommes d'État, exemptes en principe de sentimentalité. Mais la population des grandes villes est prête aux manifestations les plus diverses et ne marchande pas son enthousiasme quand une fois on a su la mettre en train.

Il convient aussi de noter que, depuis
la guerre, aucun pays ne nous avait tendu
la main. La courtoisie qu'eut la Russie à
notre égard nous toucha. Et nous nous fi-
gurâmes que le Tsar de toutes les Russies
s'était un beau jour indigné dans le fond
de son cœur de nous voir privés de nos
deux provinces, et qu'il était décidé formellement à ne point laisser durer cet état
de choses, et qu'il allait enfin lancer ses
considérables armées contre l'envahisseur
de notre territoire. Un très facile plan de
guerre s'esquissa dans l'imagination simple des foules : nous attaquions l'Allemagne à l'ouest, la Russie l'attaquait à l'est;
prise ainsi des deux côtés, l'Allemagne
n'avait plus qu'à demander grâce. Et nous
tenions enfin la Revanche!...

Les diplomates ne s'efforcèrent pas de
détromper le public. Le fait d'avoir conclu
cette heureuse alliance leur valait une trop
agréable popularité pour qu'ils n'entre-

tinssent pas avec soin l'illusion dont ils profitaient. Quant à la Russie, elle avait un trop évident besoin de l'argent français pour ne pas spéculer un peu sur nos patriotiques espérances.

Et le traité fut donc tenu secret.

Il n'est pas impossible, — qui sait? — qu'il ne contienne pas, parmi ses clauses formelles, l'engagement, de la part de la France, de renoncer à toute action offensive en vue de la Revanche. Le désir essentiel du Tsar semble bien être, en tous cas, d'opérer entre la France et l'Allemagne un rapprochement. Il n'a pas la moindre envie de se brouiller avec le Kaiser. Chaque fois qu'il reçoit la visite d'un homme d'État français, un homme d'État allemand vient ensuite lui présenter ses hommages, et celui-ci comme celui-là se voit accueillir avec empressement. Une bien touchante photographie se trouve à la devanture des libraires berlinois : Guillaume et Nicolas, les impératrices et leurs nombreux enfants y forment un groupe affectueux ; les bébés de Guillaume grimpent sur les genoux de Nicolas, on est là vraiment en famille et la plus franche cordialité fait le charme de cette petite scène.

Mais le bon public français n'est pas au courant de tout cela. Et l'alliance franco-russe est patriotiquement populaire chez nous...

Un jour ou l'autre, un incident quelconque surviendra qui sera pour les patriotes français comme une foudroyante révélation. La France ne s'apercevra pas qu'elle s'est elle-même dupée lorsqu'elle se plut à transformer en une affaire de cœur une froide combinaison politique, et, confondant des manigances de diplomates avec l'initiative de tout un peuple, elle se croira le droit de faire retomber sur la Russie la responsabilité d'une telle déception. Alors, on renouvellera les traditionnelles diatribes, un instant interrompues, contre la perfidie slave.

On déclare aisément perfides les caractères que l'on ne comprend pas tout de suite. C'est une manière simple, en somme, de leur régler leur compte.

La Russie est extraordinairement complexe; on ne peut la définir au moyen d'une formule précise, et quand on cherche à la décrire, on la trouve caractérisée par les plus étonnants contrastes. Cela trouble nos habitudes de psychologues latins; nous voudrions introduire dans ce déconcertant tumulte un peu de notre logique et ramener à l'unité de si diverses aspirations. Nous ne pouvons admettre que les différents traits d'une âme individuelle ou collective ne se viennent organiser clairement en fonction de quelque maxime essentielle, et nous éprouvons de la malveillance pour ces natures compliquées qui se dérobent à nos coutumières explications classiques...

La plupart des singularités qu'on observe dans l'âme russe proviennent de ce fait : très jeune encore, elle s'est trouvée mise en contact avec la très vieille âme occidentale. Une aventure analogue eut lieu jadis, lorsque la civilisation hellénique pénétra dans la rude société romaine. Les Romains de la République, peu raffinés, grossiers plutôt, n'étaient point en mesure de comprendre les subtilités charmantes du génie grec. Ils ne possédaient pas encore de littérature, et la poésie qui leur arrivait d'Athènes ou d'Alexandrie était bien de nature à les dérouter. Elle plut à quelques délicats. L'esprit romain, à cette époque, courut un risque... Il y a de ces petits garçons qui semblent tout à fait bizarres parce qu'au lieu d'être élevés avec des gamins de leur âge ils ont passé toute leur enfance dans la compagnie de grandes personnes ou de vieilles personnes qui s'entretenaient devant eux de ces questions précisément qui ne sont pas pour les enfants. Ils sont précoces d'une manière inquiétante; ils ont l'air affecté, quoique ingénus et puérils, et le trop hâtif développement de leur esprit les a lassés. On trouve en eux quelque chose de maladif qui déconcerte, agace et peut faire pitié; les uns résistent à la fatigue d'un tel surmenage, les autres y succombent... Ce qui sauva l'âme romaine, c'est qu'elle était extraordinairement robuste; elle résista. Même elle n'était pas tout à fait assez intelligente pour que de trop vives impressions la missent en danger. Elle ne reçut qu'à petites doses la merveille de la civilisation hellénique; elle n'en prit que ce qui lui convint, et lentement, pour avoir le temps de se la bien assimiler...

Mais tout autre est l'âme russe. Infiniment accueillante, au contraire, celle-ci. Inquiète et dénuée de confiance en elle-même, incertaine, mobile, impressionnable, elle est merveilleusement apte à subir toutes les influences, les plus diverses, les plus contraires parfois. Et, comme sa puissance de sentir est beaucoup plus aiguë que n'est vigoureux son jugement, elle reçoit toutes ces nouveautés pêle-mêle, sans critique, sans réussir à les coordonner, sans les adapter à son tempérament propre. Ce qui lui manque, c'est la force de réagir, — et de sa fiévreuse et trop hâtive adolescence, elle semble sortir alarmée définitivement.

Parce que la Russie est à présent une des grandes nations européennes, on est tenté d'oublier qu'elle n'a mis que deux siècles à se développer ainsi. Son état social, il y a deux siècles, ressemblait davantage à celui de la France médiévale qu'à celui

1.

de la France d'alors, et jusqu'à nos jours des vestiges subsistent de cette barbarie trop récente : c'est en 1861 seulement qu'un tsar jugeait opportun d'abolir le servage.

A partir du jour où la Russie eut la volonté nette de se mettre au point des peuples occidentaux, elle dut consacrer à cette tâche une étonnante énergie. Au lieu d'évoluer lentement et suivant une progression normale, il lui fallut décupler les étapes. La violence de l'œuvre de Pierre le Grand était nécessaire... Mais enfin, la Russie a grandi trop vite.

*
* *

Il y a dans l'esprit russe du trouble et de l'inquiétude, et c'est probablement ce qu'on veut dire quand on parle du « mysticisme » russe, — car les psychologues appellent mystiques les états d'âme un peu confus, comme les thérapeutes appellent « nerveux » les troubles qu'ils n'arrivent pas à caractériser autrement.

Non, l'esprit russe n'est pas mystique. On peut même constater qu'il est très pratique et que le sens de la réalité ne lui fait pas défaut. Mais il songe, il s'épie, il médite, il est doué d'une singulière faculté de réflexion. On trouve jusque dans le peuple cette extraordinaire intensité d'une pensée toujours en mouvement, émerveillée d'elle-même et qui souvent se consume de sa propre ardeur. La campagne russe est toute pleine de ces « hommes qui songent », pauvres paysans dénués d'instruction, qui ne savent pas lire et qui s'abîment dans leur rêverie, et qui se martyrisent de leur méditation plus que des philosophes hantés de dialectique. Ils songent, et ne peuvent pas tirer de leur raisonnement les solutions nettes dont ils auraient besoin dans la vie ; ils ressemblent à ce prisonnier « muré entre des miroirs » dont parle Tourguéneff. Ils sont embarrassés dans l'action parce qu'ils tâchent en vain d'accorder le rêve et l'action, parce qu'ils s'efforcent douloureusement de rattacher à des principes les circonstances particulières de l'existence, parce qu'ils s'embrouillent dans l'infini détail des possibilités...

Ils souffrent et se résignent. Ils ne se révoltent pas et se confinent dans un fatalisme désespéré. Ils sont très doux et sans exigence envers la destinée. Ils sont graves et ne rient guère que par accès, et d'une manière excessive alors, comme s'ils s'amusaient eux-mêmes de ce qu'il y a de paradoxal à rire sous l'oppression terrible du sort. Leur condition matérielle est dure : le climat, la nature du sol, et les famines, et les impôts, en voilà plus qu'il ne faudrait pour leur enlever la joie de vivre. Mais leur âme tourmentée est la cause de leur pire détresse.

* *
*

Cette inquiétude d'esprit, on pourrait la constater dans toutes les classes de la société russe, et je l'ai signalée de préférence chez les paysans, parce que c'est là surtout qu'elle étonne et qu'elle est significative. Mais une exacte peinture de l'aristocratie pétersbourgeoise serait curieuse. Le contraste d'une ignorance, d'une rusticité absolue et d'une infinie complexité de sentiments émerveillent dans le moujik ; or, l'aristocratie pétersbourgeoise, c'est le fin du fin : la connaissance de toutes les langues et de toutes les littératures, le goût de l'art le plus quintessencié, un peu de snobisme mais délicat, averti, conscient de lui-même, et de la dépravation bien entendu, comme une sorte de bohémianisme intellectuel, et ce dilettantisme forcené auquel amènent trop de lectures et la compréhension de trop diverses esthétiques.

La Russie est, actuellement encore, divisée en castes hétérogènes qui se côtoient sans se mêler. A côté des paysans et des nobles, il y a les marchands et les prêtres. Ceux-là, pris par le soin de leur trafic, ceux-ci, attachés à leur dogme, laissons-les. Mais il y a encore, comme on dit, « le monde de l'intelligence » : il se recrute ici ou là, il se compose de tous ceux que leur rêve a déracinés de leurs castes originelles et qui, professeurs, étudiants, écrivains, publicistes, artistes, ont consacré leur vie à l'expression fervente de leurs idées. Des apôtres presque toujours, et souvent des martyrs. Apôtres d'une foi qui se cherche, dogmatiques provisoirement, révoltés, fanatiques, à la fois confiants et découragés, soutenus par leur passion vaillante, mais rongés d'incertitude, exaltés et d'âme tumultueuse...

Et ce que l'on aperçoit, en fin de compte, au fond de ces âmes très diverses de paysans, d'aristocrates et d'intellectuels, c'est une intense mélancolie, une intime perception de l'amertume des destinées humaines.

La vaste Russie tout entière est incurablement en proie à la misère de vivre!... Terre de tristesse et d'ardente mélancolie, elle semble écrasée sous le poids d'une fatalité trop lourde, comme sous la voûte basse de son ciel de neige.

*
* *

Extérieurement, tout est calme, et l'Empire des Tsars ne fait pas de scandale dans cette bonne société que cons-

tituent les grandes nations européennes.
Il a beaucoup de tenue et de correction,
de décorum. Il se présente bien, et s'il
a parfois de petits besoins d'argent, **du
moins s'arrange-t-il** de manière à n'avoir
point l'air misérable : menus ennuis de
grand seigneur, — et « trop heureux,
Votre Excellence, de pouvoir en rien vous
servir ! » lui signent un chèque les pays
divers... La prodigieuse machine de l'administration impériale fonctionne correc-
tement, transmet sur tout le territoire
l'autocratisme souverain du gouvernement pétersbourgeois et maintient l'ordre
avec rigueur, et si quelque chose cloche
ici ou là, de temps en temps, — car
toute organisation humaine est imparfaite, — cela n'a pas beaucoup d'importance, vu que personne n'en sait rien :
les journaux sont très surveillés; s'ils
deviennent bavards, on les supprime,
comme on supprime aussi quiconque fait

mine d'avoir aperçu quelque défectuo-
sité dans les affaires de l'Empire. Quand
la famine étend ses ravages sur un
rayon trop vaste, ou bien quand les étudiants ont l'air de manifester un peu plus
d'indépendance qu'il ne faudrait, ou bien
quand des exaltés combinent quelque
chose en vue de transformer suivant leur
désir le régime établi, la préoccupation
suprême du Gouvernement est de cacher
ces désagréables aventures afin de ne
pas alarmer les multitudes, — de les
cacher même au Tsar. Il convient en
effet que le Tsar soit mal renseigné :
c'est à cette condition seulement qu'il
peut avec une souveraine inconscience
conserver sa belle assurance et son
prestige.

Et c'est ainsi qu'on sauve au moins les
apparences. La façade russe est en bon
état. Il n'en faut pas davantage pour en-
courager l'optimisme officiel. Et voilà

donc un peuple fort, un peuple heureux, entre les mains d'un potentat superbe!

La façade est en bon état, et si vous passiez même le long du bâtiment, vous n'entendriez guère de bruit à l'intérieur. Tranquillité parfaite. Une telle tranquillité qu'elle inquiète. Est-ce qu'on vit, là dedans? On dirait un silence de mort... Si vous tenez à conserver votre optimisme, n'entrez pas dans le bâtiment.

*
* *

La Russie souffre.

Si l'on voulait analyser les causes de sa souffrance, il faudrait étudier de près son état économique et social, il faudrait remonter assez haut dans l'histoire tragique de ce peuple violenté qui, depuis des siècles, s'est vu durement imposer des disciplines contraires à sa nature propre.

On l'a soumis. On l'a rendu docile sans

trop de peine, car il est humble et doux.

Quand la nation russe n'était pas encore constituée, à l'origine de la formation territoriale de l'Empire, une des peuplades qui campaient sur les rives du Dniéper envoya chercher en Scandinavie un prince varègue : « Notre terre est vaste et fertile, mais il n'y a pas d'ordre parmi nous; venez nous gouverner »...

Ce besoin d'une règle précise, que révélait, dès cette époque ancienne, une telle démarche, subsiste dans l'âme russe contemporaine. Un personnage de Gorki, Konovalov (1), pauvre diable sans feu ni lieu, vagabond s'il en fut, réclame pour les déclassés, ses frères, et pour lui-même, le pire d'entre eux, « des lois très sévères », parce qu'une existence abandonnée à elle-même et non régie par des principes fixes, « c'est du désordre et voilà tout » !

(1) Voir *Maxime Gorki*, par Ivan Strannik. (Société du Mercure de France.)

Et dans son incapacité d'organiser sa vie avec méthode, il en arrive à souhaiter l'intervention de quelque puissance supérieure... « Oui, frère, il faudrait dans la vie de l'ordre pour les actions. Est-il possible qu'on ne puisse inventer une loi, pour que tout le monde agisse de même et que tout le monde puisse se comprendre ? Et comment les hommes intelligents ne comprennent-ils pas qu'il faut faire à tout prix de l'ordre sur terre ?... »

Ainsi parle Konovalov, un révolté ! Or, si tel est le désir de l'ordre chez ce va-nu-pieds, on conçoit ce que peut être la soumission de ceux qu'une pareille ardeur d'indépendance n'a pas rejetés hors de la vie régulière. Ils sont extraordinairement respectueux de la tradition et, depuis l'édit d'abolition du servage, ils ont gardé comme une sorte de vague étonnement à la pensée qu'ils sont libres ; le changement qui s'est produit dans leur condition ne les a pas rendus plus arrogants ni plus conscients de leurs droits individuels... L'habitude invétérée de l'esclavage, dira-t-on. Oui, sans doute, et encore ceci.

Ils aperçoivent très clairement la complexité singulière de leur esprit, la diversité de leurs aspirations et la mobilité maladive de leurs désirs. Observateurs d'eux-mêmes comme ils le sont, ils se perdent dans une telle confusion psychologique ; ils s'y perdent jusqu'au vertige. Et comme, d'autre part, ils se sentent incapables de régler un tel désordre, ils ont peur. Alors, ainsi que les lointains ancêtres qui demandèrent à Rurik d'être leur guide, ainsi que Konovalov qui réclame un maître, timides et candides, ils acceptent la tyrannie dont on les accable. Ainsi s'explique leur patience, leur résignation, leur apathie peut-être.

Seulement, il y a loin de cette acceptation placide et morne de la vie à du bonheur, et le silence de la campagne russe ne doit pas faire illusion sur le sort de ses habitants. Parcequ'ils ne crient pas, on aurait tort de les imaginer satisfaits de leur condition, endurcis aux tortures du froid, des famines, faits à leur misère, adaptés à leur destinée. S'ils ne réclament pas plus de bonheur, c'est que la notion même du bonheur s'est obscurcie en eux, c'est qu'écrasés de séculaire infortune, ils n'aperçoivent pas la possibilité d'une amélioration, d'un embellissement de leur existence.

Est-ce qu'ils ne se sont pas endormis dans leur détresse?... Ce commode sophisme suffit à tranquilliser les sympathies alarmées, et c'est ainsi généralement qu'on se console de la trop grande douleur d'autrui... Mais il y a d'obscures et presque inconscientes douleurs qui n'en sont pas moins poignantes pour n'être pas clairement aperçues des muettes victimes qu'elles travaillent et pour ne se point manifester par des réflexes expressifs. Et cette intime souffrance, qui mine le peuple russe jusqu'en ses profondeurs, se révèle plus ardemment en quelques êtres, parfois, qu'un don redoutable de sentir et de se révolter distingue de l'immense foule misérable. Ceux-là sont la conscience aiguë de cette foule : ils en ont pris en eux-mêmes toute la souffrance, et c'est eux qui profèrent le cri de détresse.

*
* *

Il remplit, ce cri de détresse, toutes les œuvres par lesquelles s'est traduite l'âme russe, inquiète et tourmentée, — art ou littérature. Les écrivains et les peintres n'ont point conçu leur rôle comme un jeu délicat et frivole : leurs tableaux et leurs livres sont empreints d'une âpre tristesse

et d'une farouche mélancolie ; ils ne s'é-
gayent guère de fantaisie ni d'heureuse
imagination, mais ils sont l'authentique
image de la réalité douloureuse.

La véritable esthétique russe n'est pas
celle de l'art pour l'art ; elle est au contraire
toute sociale et morale. L' « intelligence »
russe ne considère pas la destination de
l'artiste avec ce désintéressement supé-
rieur : elle est préoccupée de pratique
d'abord. La destination de l'artiste, c'est
de répondre aux pressantes questions que
pose la conscience populaire, c'est de
chercher et de déterminer cette « règle
pour les actions » que réclame Konovalov,
c'est de résoudre l'impérieux problème de
la vie individuelle et collective.

Il n'y a pas un peuple au monde en qui
veille plus intensément l'esprit de libre
examen ; il n'y en a pas non plus qui soit
astreint à une plus rigoureuse tyrannie. De
là naît le conflit qui met présentement aux

prises le monde de l'intelligence et le monde de l'autorité. Le monde de l'aurité triomphera parce qu'il a pour lui la force brutale ; le monde de l'intelligence n'arrive en général à produire qu'une agitation peu durable et bientôt suivie de cruelles représailles. Quiconque a la prétention de penser librement, en Russie, est de ce fait même suspect au Gouvernement. Il est soumis au plus bas espionnage, il est en butte à toutes les tracasseries d'abord, et, s'il persévère, aux châtiments les plus durs.

… On sait qu'au mois d'avril 1849, le romancier Dostoïevsky fut, avec vingt-deux autres jeunes hommes, arrêté dans la maison de Pétrachevsky. Les inculpés avaient à répondre du crime de discuter ces trois questions redoutables : la liberté de la presse, l'affranchissement des serfs, la réforme judiciaire. Cette histoire est assez obscure, le Gouvernement ayant

tenu secrets tous les documents officiels ;
on parla vaguement d'une « conspiration
de Pétrachevsky », sans qu'il soit avéré
le moins du monde qu'un complot quelconque ait été tramé. Dostoïevsky composa
pour se disculper un court mémoire, dont
la *Revue de Paris* donnait naguère une
traduction sous ce titre : « Ma défense ».
Il résulte de son plaidoyer qu'on ne l'ac-
cusait, en somme, que de libres conversations, dans lesquelles on croyait relever
des sympathies pour les nouveautés d'Occident. Il fut condamné à mort, amené sur
la place d'exécution avec ses vingt-deux
camarades. On les avait tirés dès l'aube
des prisons où depuis des mois ils ago-
nisaient. Sous la neige, on les dévêtit. Les
bourreaux étaient prêts. Alors, solennelle-
ment, on lut à haute voix la sentence de
l'Empereur... L'Empereur pardonnait. Il
pardonnait à sa manière. C'est-à-dire
qu'il voulait bien laisser la vie sauve aux

coupables, mais il les envoyait en Sibérie !
Le coup de théâtre était magnifique : le
Tsar Nicolas 1er se plaisait à ces jeux...
Dostoïevsky s'achemina vers la Maison des
morts.

Cette aventure dramatique suffit à faire
comprendre la situation des « hommes
de l'intelligence » dans l'empire des
Tsars. Dostoïevsky, dans sa *Défense,* indique l'espèce de terreur perpétuelle
qu'est leur vie : « Nous avons, pour ainsi
dire, une peur instinctive de quelque
chose ; quand, par exemple, nous sommes
réunis en grand nombre dans un lieu
public, nous nous regardons avec mé-
fiance les uns les autres, nous nous dévi-
sageons d'un air sombre et louche, ayant
toujours des soupçons envers quelqu'un.
Si quelqu'un veut parler politique, il
baissera la voix en prenant un air mystérieux... Cette crainte démesurée jette un
coloris sombre sur notre vie journalière ;

grâce à lui, tout apparaît sous une lumière éteinte et disgracieuse. » Eh bien, ces lignes, écrites en 1849, restent vraies aujourd'hui encore : le même coloris sombre attriste la vie journalière de tous ceux que tourmente, là-bas, le « désir du mieux » et que guette un sort analogue à celui des camarades de Pétrachevsky. Car la rigueur gouvernementale ne s'est pas adoucie, et si l'on veut en avoir la preuve, il n'y a qu'à constater les condamnations terribles qu'on vient encore de prononcer contre les étudiants protestataires des Universités. Plusieurs sont en Sibérie comme soldats : encore a-t-on soin de leur choisir des régiments dans lesquels ils seront absolument isolés de toute vie intellectuelle, afin de tuer une bonne fois en eux la pensée ! D'autres sont aux travaux forcés, d'autres en prison, pour un temps indéterminé ; d'autres ont disparu sans qu'on soit exactement renseigné sur leur sort.

L'histoire intérieure du Gouvernement russe, c'est en effet la lutte continuelle et systématique contre la Pensée. Quelque chose d'ardent et de redoutable bouillonne au fond de l'âme russe. Jusqu'à quand le Gouvernement des Tsars en contiendra-t-il les velléités ? A quel moment l'éphémère agitation qui se manifeste, ici ou là, de temps à autre, sur quelque point du territoire se transformera-t-elle en une révolution générale ? Nul ne peut le dire. Ce qui, provisoirement, favorise la résistance gouvernementale, c'est l'ignorance du peuple et le manque de cohésion des efforts partiels que hasardent les novateurs... Il y a lieu pourtant de noter que les troubles actuels tirent une toute particulière importance du fait que des grèves ouvrières se soient intimement associées à la révolte des étudiants.

2.

*
* *

Quant aux idées morales et politiques de ces novateurs, elles sont assez confuses, il faut l'avouer. Chacun d'eux n'est, sans doute, pas un moraliste en pleine possession de son système comme, par exemple, Tolstoï; en outre, ils divergent entre eux d'opinion sur des questions essentielles. Mais ils sont d'accord sur ce point : l'état de choses actuel est mauvais, il convient de le détruire. On a raison de les appeler des nihilistes : c'est dans leurs négations surtout qu'ils. sont nets et catégoriques. En peut-il être autrement? Ce qu'ils nient, ils l'ont sous les yeux, ils en voient les défauts évidents. Ce qu'ils affirment, c'est un incertain idéal composé de bien des chimères, d'idées obscures et de rêves hypothétiques.

Dostoïevsky écrit encore dans sa *Dé-*

fense : « On m'accuse de m'être prononcé *sur l'Occident.* Mais qui n'en parle, à notre époque? qui, du moins, n'y pense?... Dans l'Occident se passent des choses terribles; il s'y joue un drame plein d'horreur. Des siècles d'ancien ordre de choses se fêlent et tombent en ruine. Les soutiens les plus importants de la société menacent de s'écrouler, entraînant dans leur chute le peuple entier... Il s'agit du pays qui nous a donné la science, l'instruction, la civilisation européenne. Un tel spectacle est une leçon! Enfin, c'est là de l'histoire et l'histoire est la science qui a pour objet l'avenir. Peut-on, après tout cela, nous faire un crime, à nous qui avons reçu une certaine instruction, chez qui on a éveillé la soif du savoir et de la lumière, — peut-on nous faire un crime de ce que nous trouvons de l'intérêt à parler de l'Occident et des événements politiques ; de ce que nous lisons les nouveaux livres ; de ce que nous suivons le mouvement de l'Occident et l'étudions le plus possible? Suis-je coupable parce que j'envisage d'une façon sérieuse la crise qui déchire la malheureuse France et la précipite dans le deuil ; parce que j'admets peut-être que cette crise historique est un état passager, mais inévitable (qui peut en juger actuellement?) dans la vie de ce peuple, — et qui enfin le mène à un meilleur avenir ? »

Cet état d'esprit, que révèle en ces termes enflammés l'auteur de *Crime et Châtiment* au lendemain de la révolution de 48, est encore celui de l' « intelligence » russe, — de même que la crise française, à laquelle il fait allusion, sous une forme différente dure encore. A ces mécontents qui n'aperçoivent pas dans leur pays la moindre réalisation de leur rêve social, la France apparaît comme la réconfortante utopie. Et c'est vers la France qu'ils se tournent, pour lui demander à la fois son inspiration et son encouragement. Ce sont nos livres qu'ils lisent, — autant que la censure le leur permet, — et c'est de notre exemple qu'ils s'inspirent.

*
* *

Donc, le monde de l'intelligence et le monde de l'autorité, en Russie, font également appel à la France... Mais pour des raisons très diverses, contradictoires même. A tel point que l'officielle alliance franco-russe n'a pas de pire ennemi que les intellectuels russes; et les idées françaises pour lesquelles ceux-ci s'enthousiasment n'ont pas de pire ennemi que le Gouvernement russe. Et ce fait d'une égale sympathie pour la France dans les deux camps opposés du monde russe, loin de créer une efficace unanimité de sentiments, accuse au contraire ce qu'il y a d'artificiel et de fragile dans le rapprochement politique des deux nations. Les intellectuels souffrent de voir le Gouvernement qu'ils détestent fausser le caractère profond de ce recours à l'Occident, dont ils escomptent les bienfaits sociaux; et le Gouvernement éprouve de son côté quelque gêne à s'être justement choisi pour alliés ces révolutionnaires de Français! Aussi fait-il de grands efforts pour engager notre pays à se tenir tranquille, à ne pas le compromettre par des actions inconsidérées, à calmer ses ardeurs dangereuses. Il nous surveille, et parfois nous réprimande, et très souvent nous humilie... Mais ne bougez pas, l'alliance russe est à ce prix! Et comme on nous a soigneusement persuadés des avantages merveilleux de l'alliance russe, nous restons cois, de notre mieux!

L'amitié du Tsar de toutes les Russies a singulièrement flatté notre République; elle lui a, si l'on peut dire, monté la tête. C'est à peu près ce qui se produit quand un bon bourgeois a fait, un beau jour, la connaissance d'un grand seigneur. Il se rengorge, il soigne ses manières, il s'applique à représenter. Le grand seigneur, au fond, n'a que du mépris pour lui; s'il lui témoigne quelque condescendance, c'est peut-être qu'il a de petits emprunts d'argent à lui faire; il l'appelle son cher ami, le traite avec familiarité, avec bonhomie, et finalement se moque de lui. Mais le bon bourgeois n'y voit que du feu; il est fort satisfait d'avoir su se créer de belles relations... Notre pays, ami du Tsar de toutes les Russies, fut magnifiquement représenté, aux jours héroïques de l'Alliance, par le regretté Félix Faure!

MOSCOU

TOLSTOI. — LES ÉTUDIANTS
LA PEINTURE RUSSE

Les notes qui composent ce volume proviennent de plusieurs voyages en Russie, faits au cours de ces trois dernières années. Les visites à Tolstoï remontent à l'hiver 1897-1898; les promenades à Kiew sont du printemps 1899. Par endroits, et principalement dans les pages consacrées aux troubles universitaires, j'ai joint à mes premières notes des indications sur des événements tout à fait actuels.

MOSCOU

I

(*En route.*)

On déjeune à Paris, on dîne en Belgique,
et puis on dort. On se réveille, le lendemain, en Allemagne, et le soir on est en
Russie... Ah! chantons les louanges des
Grands-Express européens, pères du cos-
mopolitisme. Plus effectivement que les
systèmes des philosophes, ils préparent la
désirable fraternité des peuples.

On éprouve une curieuse sensation, à
se mettre en chemin de fer pour cinquante
heures. Agréable séquestration loin des
arias et des frivolités de l'existence!
Suave détachement : on ne saura plus les
nouvelles! On achètera des journaux tout

de même, par habitude, à chaque station,
— mais de bons vieux journaux apportés
par le train précédent : on les a lus à
Paris la veille du départ ; on les retrouve
tout le long de la route, avec leurs révé-
lations périmées et qui ne sont plus ex-
citantes. C'est très apaisant. Cette réclusion forcée invite à des méditations : on
reconstruit le cosmos, avec tranquillité,
anodinement.

La traversée du pays flamand, la nuit,
est fantastique et presque infernale. Nous
passons au milieu d'usines, de mines et de
forges ; les hauts fourneaux se panachent
de flammes rouges et jaunes aux aigrettes
verdâtres, crachent des étincelles, embrasent le ciel de lueurs diffuses. Des
wagonnets chargés de houille passent
lourdement. Des hommes les poussent,
des hommes apparaissent aux portes em-
brasées des ateliers, noirs, crispés comme
des fourmis au travail. Des coups de sif-

flets, des appels de trompes se mêlent à la clameur du train qui passe. Des globes électriques, de place en place, éclairent tout cela de lumière blanche qui projette des ombres crues.

*
* *

A partir de Kœnigsberg, la neige commence; elle s'étend en grandes traînées claires sur la plaine monotone, hérissée par endroits de touffes d'herbes sauvages; des flaques d'eau gelée, d'une blancheur mate, semblent de grands miroirs de tristesse où les images, en désuétude, se sont brouillées. Les villages s'espacent; des corbeaux errants vont et viennent, comme égarés, dans ce paysage de désolation. La solitude est infinie...

Et puis, c'est l'immense étendue de neige immaculée. On la dirait, sous le ciel sombre et lourd qui la recouvre, éclairée d'une

lumière immanente, qui vient d'elle, naît
de sa substance et se propage à la surface :
elle a des lueurs et des reflets, comme ces
plaques de phosphore qui, la nuit, s'embrasent et rayonnent. Étrange contraste
des nuages noirs, en masse pesante, et de
la pâleur lumineuse des plaines ! De place
en place, de petits bois de bouleaux et
de sapins : les menues branches des bouleaux, poudrées à frimas, se mêlent et
s'enlacent en une fine dentelle compliquée
et fragile ; les palmes larges des sapins,
chargées de neige lourde, s'inclinent et
se courbent comme d'étranges enchevê-
trements à l'orée des forêts primitives.
On dirait, à l'horizon, que le manteau noir
du ciel traîne sur la blancheur de la terre
et, comme s'il la salissait, les lointains
s'assombrissent et s'estompent. Parfois,
l'immense neige se soulève et, dans la
déchirure, apparaissent, en petits tas sombres, des maisonnettes basses, écrasées

sous le fardeau d'hiver ; un peu de fumée
sort du toit pour attester qu'il reste encore,
au fond de ces repaires, dans l'infinie
détresse des étendues mornes, un peu
de vie humaine réfugiée là.

Oh ! la tristesse affreuse et désespérante
de ces existences encloses, qui se seront
tout entières passées au creux de ces masures, enfouies comme le blé dans le silo.
A mesure que le train s'éloigne, l'impression d'horreur que laisse la vision de ce
farouche isolement devient aiguë, déchi-
rante!... Au printemps, pourtant, aux
premières fleurs, à la première verdure
de la terre renaissante, quand un peu de
soleil luit sur les jeunes feuillages, les
pauvres êtres doivent s'égayer, sentir se
réchauffer en eux un reste obscur de velléités joyeuses. Mais le rêve du printemps
semble paradoxal dans cette neige, comme
si l'hiver définitif devait peser éternelle-
ment sur les pauvres âmes désolées !

La coupole grêle d'une église émerge
soudain, et quelques maisons, un village.
Entre des lignes d'arbres épars, suivant
un chemin sans doute, passent, au long
trot de petits chevaux trapus, des traîneaux de paysans, — deux forts patins de
bois tordu qui se relèvent à l'avant, chargés de ballots. La gare! une maison car-
rée de bois jaune; le buffet, le thé réchauf-
fant. Sur le quai, des moujiks contemplent
le train qui stationne, les voyageurs cos-
mopolites qui les regardent, avec intérêt,
à travers des souvenirs de Tolstoï et de
Tchékoff. Les moujiks sont emmitouflés
de gros manteaux capitonnés, d'épaisses
redingotes rembourrées de peaux de bêtes, le poil à l'intérieur, coiffés de casquettes ou de bonnets qui couvrent les
oreilles, chaussés de bottes de feutre. Ils
ont de grandes barbes, des yeux très doux
et larges, des bouches résignées où le
rire étonne. Pendant l'arrêt du train, quand

son gros vacarme s'est tu, le silence de la plaine devient perceptible : le halètement de la machine s'étouffe dans l'atmosphère sourde et comme ouatée de neige.

Puis, les blanches solitudes de nouveau défilent, éternelles, monotones...

II

(*Pétersbourg.*)

Quelques heures seulement à Pétersbourg avant de partir pour Moscou. Une élégante capitale cosmopolite, gaie, vivante. Malgré la neige qui tombe en rafales et le vent froid qui vous coupe le visage, il y a beaucoup de monde sur les quais, dans la perspective Nevsky. Il fait presque nuit; la masse luxueuse de l'Isaac, l'immense cathédrale de marbre et de porphyre, est imposante, ainsi dessinée en ombre sur le fond blême du ciel : il sera peut-être prudent de ne pas la revoir en plein jour. La fine aiguille dorée du ministère de la marine est gracieuse. Seulement la cathédrale de Kazan, minuscule réduction de Saint-Pierre de Rome, avec ses petites colonnades en petit hémicycle, est extrêmement ridicule. Et puis, là-bas, dans l'ombre, il y a la forteresse Pierre-Paul, sinistre repaire où s'exerce l'énergie d'un « gouvernement fort »!... Mais les rues sont animées, les magasins éclairés et luxueux. Cette ville s'amuse, elle est brillante, elle fait la fête, elle rit. Cependant, les promeneurs, chaussés de gros caoutchoues, et les traîneaux qui glissent sur la neige épaisse, passent sans bruit.

Il faudra garder le souvenir d'une vie remuante et silencieuse...

III

(Le Kremlin.)

Avec quelque imagination, on peut se représenter Londres et Berlin sans les avoir vues. Pétersbourg même se devine aisément. Mais il y a des villes privilégiées qu'aucune description ne saurait évoquer, dont les mots ne peuvent rendre le charme particulier et qui restent, en dépit des peintres et des écrivains, inouïes et inimaginables. Telle est Venise, et telle aussi Moscou.

Au milieu de la plaine infinie, sur un plateau qui la domine, le Kremlin s'enferme dans la ceinture étroite de ses murailles crénelées, interrompues de portes hautes que gardent les saintes icones éclairées de veilleuses. Et tu ne passeras

pas sous la porte du Sauveur sans te découvrir, même si le vent te glace, parce que,
il y a deux siècles, le tsar Alexis, fils de
Michel, le voulut ainsi... Le Kremlin, asile
d'histoire et de légende, qui conserve dans
ses palais et dans l'ombre dorée de ses
basiliques tout le passé mystérieux de
luxe, de barbarie fastueuse et de tyrannie sanglante dont s'enorgueillit à
travers les âges la Sainte Russie ! Ber-
ceau des Tsars, gardien du pouvoir spirituel et temporel le plus strict et le plus
rude qui refrène encore des consciences
et des volontés, le Kremlin maintient
inébranlablement l'orgueil des traditions
anciennes et des volontés souveraines.
On a bien pu transporter ailleurs la capitale de l'Empire, — les Tsars viennent
prendre ici, des mains du métropolite,
la couronne héréditaire, et les cloches
de l'Ivan-Véliky sonnent l'avènement du
nouveau maître.

Un entassement de palais et d'églises. Des églises comme des mosquées, écrasées de dômes dorés ou surmontées de fines tourelles. Des coupoles s'y épanouissent en formes étranges de fruits d'Orient, avec des arêtes et des côtes, des enroulements et des spirales, couvertes d'écailles parfois ou bien toutes hérissées de pointes et d'aiguilles comme des châtaignes mûres. La fantaisie la plus singulière accumule et entasse les différentes parties de l'édifice; nulle cohésion, nulle harmonie, les lignes se croisent et s'emmêlent. On dirait que l'architecte n'a pas eu d'autre plan que de varier à l'infini le rêve des silhouettes baroques ou gracieuses que son imagination tourmentée concevait.

Et, sur tout cela, sur les dômes et sur les coupoles, sur les flèches aiguës, sur les toits, sur les murs unis des palais et des églises, les couleurs crues se rencontrent et se heurtent, le vert, le rouge, le rose, le jaune, le bleu pâle et l'indigo, et surtout l'or, l'or à profusion.

C'est une ville d'Orient, fastueuse et fantastique, mais une ville d'Orient dans la neige, un rêve des Mille et une Nuits dans un paysage polaire.

La neige silencieuse est tombée sur l'or et sur l'indigo des coupoles et des dômes; elle s'accroche aux parois des murs peints, elle y forme d'étranges dessins de guipures anciennes, elle fond les couleurs et les adoucit, elle enveloppe d'une poésie plus douce et contenue l'exubérance de la fantaisie orientale.

*
* *

Je ne sais si l'on éprouve ailleurs plus tragiquement l'oppression de la plus farouche et sanglante histoire.

Ici, sur la place Rouge, près de l'église

Saint-Basile, extravagante construction
où semble s'être réalisé le cauchemar fou
d'un architecte, — Ivan le Terrible lui fit
crever les yeux pour qu'il n'édifiât pas
ailleurs une aussi fastueuse merveille, —
le cadavre du faux Dmitri fut traîné par
la populace acharnée qui l'avait acclamé;
ici furent pendus les Strelitz, partisans
de la tsarine Sophie, car Pierre le Grand
manifestait sa puissance; ici se consom-
mèrent les crimes et les vengeances
impériales; ici passa Napoléon avec ses
hordes lasses : il voulait faire détruire
les églises, pieusement, parce qu'elles
ressemblaient à des mosquées; ici cam-
pèrent des armées en délire, des bandes
de barbares affolés; ici coula du sang sur
de l'histoire.

IV

(Les étudiants.)

Très sérieusement, avec la netteté simple d'un homme clairvoyant qui constate un fait, un diplomate russe m'a dit : « La supériorité de notre pays sur le vôtre, c'est l'ignorance complète du peuple chez nous ; grâce à cette ignorance, nous pouvons avoir un gouvernement fort. Le jour où les moujiks sauront lire... Mais ce jour ne viendra pas de sitôt!... »

*
* *

Non loin du splendide Kremlin, il y a l'Université, bâtisse quelconque, mais où fermente l'esprit nouveau, dangereux aux Tsars. C'est une puissance mystérieuse qui s'éveille. Elle inquiète le vieil autocratisme traditionnel. Un obscur et tragique conflit s'est élevé entre le « monde de l'intelligence » et le monde de l'autorité, — celui-ci plus fort et toujours vainqueur avec sa formidable organisation policière, et l'autre qui travaille dans l'ombre, grandit et se constitue.

Depuis plusieurs années, les troubles universitaires sont presque perpétuels. Ils prennent présentement une singulière gravité. L'émeute actuelle est la suite logique et le développement redoutable d'une agitation qui se manifesta vivement en 1899 et qui remonte plus haut. Au début, on ne s'inquiéta pas outre mesure de ces désordres : d'insignifiantes bagarres d'étudiants avec la police dans les rues de Pétersbourg. Mais le mouvement gagna toutes les universités : en quelques jours, la grève générale des étudiants russes était déclarée; Moscou joua dans cette affaire un rôle prépondérant. C'était la première fois qu'une révolte d'étudiants prenait en Russie de telles proportions, la première fois qu'on voyait s'étendre aussi loin un mouvement quelconque de protestation, dans ce pays démesuré où le manque de cohésion, la très faible densité de la population ont empêché jusqu'à ce jour une pareille unanimité de se produire.

Voici comment s'est organisée, mystérieusement, la puissance extraordinaire de ces jeunes révoltés. Elle ne s'est découverte que dans l'émeute de 1899; le Gouvernement l'a constatée avec stupeur...

Les étudiants de Moscou ont constitué les premiers des « Unions de pays », groupant en un certain nombre de cercles les jeunes gens originaires des diverses provinces. Ces associations donnaient aux adhérents dans le besoin les secours matériels nécessaires, et aussi l'appui moral, l'aide intellectuelle. Elles ne tardèrent pas à être interdites; un règlement défendit catégoriquement les corporations, posant en principe que chaque étudiant devait être simplement un visiteur individuel de l'université. Les unions ne tinrent pas compte de cette interdiction et, pour se fortifier, se groupèrent : les « Unions de pays » formèrent une « Union générale des étudiants moscovites », qui réunit bientôt près de deux mille membres. Insensiblement, l'Union prit de plus en plus un caractère moral. Elle répartit son activité entre ses deux organes essentiels : un conseil, dont les pouvoirs sont purement administratifs, et une commission judiciaire, chargée de juger les étudiants pour toutes les questions de conduite, de mœurs, d'espionnage. Peu à peu, sentant sa force, la commision judiciaire voulut étendre son autorité, d'abord restreinte à ses seuls membres, jusqu'à la surveillance de toute l'organisation universitaire. En 1895, un *privat-docent* passe de Kharkow à Moscou et annonce une série de cours sur la philosophie du droit criminel. La commision fait une enquête et acquiert la conviction que ce professeur a des opinions peu libérales et une médiocre réputation morale. Alors, elle lui fait savoir qu'elle ne l'admet pas. Il dut se retirer. Une autre fois, la commission adressa à un autre professeur une réprimande motivée. Une autre fois encore, un inspecteur ayant publié dans un journal un article blessant pour les étudiants, la commission prit l'initiative d'instruire l'affaire. En outre, elle exerçait la surveillance sur la chancellerie universitaire : elle y constata sévèrement des désordres et se plaignit de la manière négligente avec laquelle on traitait les étudiants.

Cependant, l'existence de l'Union n'était pas reconnue. Malgré tous les règlements, elle s'imposait.

Elle prit même, car c'était là le fond

de l'affaire, un caractère politique. Cela se manifesta clairement en 1894, à la mort d'Alexandre III. A ce moment, comme d'ailleurs chaque fois qu'un nouvel empereur prend le pouvoir, un immense espoir de libéralisme traversa la Russie. Le conseil de l'Union adressa aux divers Pays un questionnaire : il s'agissait de savoir ce que devait entreprendre, dans les circonstances présentes, la jeunesse universitaire de Moscou. Il fut décidé d'un commun accord qu'on présenterait au jeune Tsar une pétition collective. Mais, dans cette pétition, que demanderait-on? Les uns, dans leur enthousiasme, prétendaient réclamer l'établissement d'une constitution, la liberté des cultes et de la presse. Les autres, plus modérés ou plus craintifs, conseillaient de se limiter à des questions universitaires : autonomie des universités, régime électif des professeurs, etc. On ne put s'entendre. Cette pétition était, du reste, destinée, quelle qu'en fût la teneur, à n'avoir pas de résultat effectif, mais le fait qu'une telle discussion ait eu lieu, que de telles questions aient été posées, était extrêmement significatif.

L'opinion fut longtemps surexcitée. Un professeur d'histoire fit, dans un de ses cours, l'éloge de l'empereur défunt. On l'écouta silencieusement. Mais, à la leçon suivante, on le siffla. Les auteurs de ce scandale furent sévèrement châtiés. Des désordres s'ensuivirent, qui se prolongèrent, sous des formes diverses, jusqu'en 1895.

L'Union de Moscou manifestait sa puissance. Des groupements semblables s'organisèrent dans toutes les autres grandes universités. Et bientôt toutes les Unions entrèrent en rapports les unes avec les autres, jetant ainsi sur toute l'étendue de l'Empire l'immense réseau d'une active et puissante association secrète.

*
* *

Le 8 février 1899, des étudiants ayant été frappés de coups de fouet par la police dans une bagarre qui suivit la fête universitaire annuelle, l'Union pétersbourgeoise se souleva. Elle demandait catégoriquement que les rapports de la police avec les étudiants fussent fixés d'une manière légale par des règlements connus de tous, et que les abus de force de la police fussent désormais examinés par les cours d'assises en séance publique. Les étudiants essayèrent en vain de présenter une protestation dans ce sens; ils ne le purent, leur existence collective n'étant pas reconnue. Il fallait donc avoir recours à d'autres moyens. On décida la grève des étudiants de Pétersbourg. En outre, on envoya des délégués aux Unions provinciales qui toutes adhérèrent à la grève.

On revendiquait un principe : le respect de la personne humaine.

L'Empereur ordonna une enquête. C'était un commencement de satisfaction que recevaient les étudiants, puisque le pouvoir discrétionnaire de la police se trouvait ainsi formellement nié par le gouvernement. Mais, sans attendre le résultat de l'enquête, les autorités universitaires commencèrent les représailles, firent arrêter et expulser un certain nombre d'étudiants.

Il y eut alors, à Pétersbourg, puis à Moscou, puis à Kiew, un peu partout, des scènes terribles de désordre. De vraies batailles se produisirent entre les obstructionnistes et les modérés. On fit des barricades, on se battit. Les étudiantes furent d'une particulière violence : on en vit s'étendre, tout de leur long, dans les couloirs, aux portes des salles de cours pour barrer le chemin à ceux qui n'adhéraient pas à la grève. Il y eut des réunions dans l'Université même. Des discours véhéments furent prononcés. Les orateurs étaient à peu près sûrs d'être ensuite arrêtés. Ils s'écriaient : « Demain, nous ne nous reverrons pas, mais aujourd'hui, j'ai ceci à vous dire... »

C'est au moment des examens surtout que l'énergie de l'Union se montra. Les grévistes se divisèrent en cinq groupes, afin de pouvoir durer les cinq jours de l'examen. Chaque groupe allait faire de l'obstruction pendant un jour : le soir même, il était arrêté. Ce fut une fureur de sacrifice à la Cause. Des centaines d'étudiants furent exclus; mais ils sentaient leurs successeurs derrière eux.

Chaque Pays avait au Conseil son représentant; en outre, un remplaçant était désigné pour le cas d'arrestation du premier représentant. Il était impossible ainsi que le conseil fût jamais exterminé. D'ailleurs, son caractère secret le protégeait : les membres des Pays eux-mêmes ne savaient pas les noms de leurs représentants.

L'enquête du gouvernement montra que l'organisation universitaire avait pénétré partout. Les divers centres provinciaux étaient en communication constante : ils s'envoyaient des délégués et, tous les deux jours, publiaient un bulletin, afin de se tenir entre eux au courant des événements.

A Pétersbourg et à Moscou, l'agitation se calma un peu quand le Gouvernement autorisa le retour des étudiants expulsés. Mais elle reprit bientôt à Kiew. A la rentrée des vacances, huit cents étudiants jurent, en levant le doigt vers le ciel, de continuer la grève. Les comités exécutifs empêchèrent les cours. Il y eut des batailles, on fit des barricades; il y eut des blessés, on put craindre des scènes de meurtre.

L'époque des vacances, avancée d'ailleurs par le Gouvernement, apporta dans les Universités une apparence de calme. Une apparence seulement.

La répression, terrible, a fait de nombreuses victimes. Ici même, à Moscou, un étudiant qui vivait et faisait vivre sa famille du profit de ses leçons, expulsé, mis dans l'impossibilité de gagner un sou, se tua. D'autres suicides ont eu lieu dans les prisons : un étudiant, enfermé dans une cellule, s'est brûlé vif en s'enduisant de pétrole ; un autre s'est ouvert les veines avec des morceaux de verre. On a fait plusieurs milliers d'expulsions. Les jeunes gens frappés de ce châtiment ne peuvent plus être reçus dans aucune université. Leur situation d'expulsés est mentionnée sur leur passeport. Les administrations de l'État leur sont fermées ; encore leur est-il difficile de se placer chez des particuliers. Ce sont des hommes qu'on met au ban de la société.

Seulement, leur situation change lorsque, au lieu d'être ici et là quelques isolés, ils sont, comme à présent, nombreux, unis par des convictions et des haines communes. Disséminés dans toute la Russie, ils répandent leurs idées. La plus grave propagande, les étudiants révoltés l'ont exercée sur les élèves des derniers cours de l'enseignement secondaire qui vont entrer dans les universités. Ils leur ont transmis l'esprit violent des revendications.

Malgré la force du gouvernement, ils sont difficiles à vaincre. Il est difficile de lutter contre de tels sursauts de la conscience individuelle quand elle s'exalte ainsi dès son premier éveil...

Dans l'été de 1899, le *Messager du Gouvernement,* organe officiel, publia une intéressante « communication » impériale. Le Tsar exprime son mécontentement des désordres qui se sont produits, blâme

les étudiants, qui « devraient être les premiers à protéger l'ordre, sans lequel on ne
saurait songer ni à l'instruction ni à l'éducation », adresse quelques reproches à la
police et s'en prend surtout aux professeurs qui négligent de « donner une direction régulière et sérieuse à l'esprit et
aux vues des jeunes gens confiés à leurs
soins ». Ces remontrances mettent les
professeurs dans un singulier embarras,
attendu qu'au moment même des émeutes
l'administration universitaire leur avait
rappelé que, conformément aux décrets de
1886, ils ne devaient pas avoir de conversations avec les étudiants. Ceux-ci, visi-
teurs individuels de l'Université, assistent
aux cours, voilà tout !... Le gouvernement
ne tient pas moins en suspicion les professeurs que les étudiants : ne composent-
ils pas, les uns et les autres, ce « monde
de l'intelligence » dont les tendances libérales inquiètent l'autocratisme des Tsars ?

4.

Quel est maintenant, suivant la « communication, » de l'Empereur, le remède au présent état de choses? Il y a, dit-il, dans les Universités, une excessive agglomération d'étudiants. Cela rend insuffisants les locaux universitaires... Il est vrai qu'on pourrait obvier à cet inconvénient en agrandissant lesdits locaux ou bien en les multipliant... Mais encore, cette excessive agglomération rend très difficile « la surveillance, des étudiants »! Voilà pourquoi, au lieu d'agrandir les Universités, on diminuera le nombre des étudiants : on y travaille activement, du reste, par le système des expulsions.

En terminant, le Tsar recommande à « l'indulgence possible des ministres compétents les étudiants coupables seulement d'avoir fait du désordre, mais qui ne seraient pas reconnus coupables d'agissements et de tendances ayant des buts politiques ». Les autres, il les réserve.

Il trahit ainsi la préoccupation principale du Gouvernement.

Ces troubles, en effet, n'avaient pas, au début, de caractère politique. Mais ils en ont bientôt pris un, puisqu'ils sont essentiellement une protestation en faveur des idées libérales. Quelques-unes des sociétés universitaires dont j'ai parlé se sont mises en rapport avec des groupes d'ouvriers socialistes, avec des cercles radicaux. A Kiew, en 1899, on confisqua un drapeau rouge, des symboles révolutionnaires, une typographie clandestine qui devait servir à l'impression d'écrits pour le peuple.

*
* *

Une nouvelle série de troubles, d'un caractère particulièrement grave, commença dans l'été de l'année dernière et dure encore. Au mois de juin 1900, des délégués des différentes associations secrètes d'étudiants se réunirent à Odessa, afin d'élaborer un plan général d'action des étudiants russes. A l'une des séances de ce congrès, les délégués furent arrêtés et les documents saisis. Le Gouvernement connut ainsi très précisément l'organisation universitaire et dut constater les préoccupations politiques très marquées de cette jeunesse. L'arrestation du comité n'empêcha pas le résultat de son activité de se produire, et l'on voit se réaliser peu à peu, d'une manière sans doute bien imparfaite et désordonnée, mais pourtant avec éclat, le programme d'agitation qu'il a tracé. Depuis le commencement de l'année universitaire, des protestations tumultueuses ont lieu dans toutes les Universités, sous tous les prétextes, à chaque instant.

A Kiew, au mois d'octobre, la nomination d'un nouveau professeur, antipathique aux étudiants, fut le signal de manifestations violentes. Si violentes même que le général gouverneur de Kiew crut devoir intervenir et, de son autorité propre, révoqua le professeur. Or, si les étudiants souhaitaient en effet cette révocation, il leur déplut qu'elle émanât du général gouverneur, lequel n'avait pas, suivant eux, le droit d'intervenir dans les affaires de l'Université. Et l'agitation augmenta. Le 13 et le 15 novembre, se tinrent à l'Université des meetings de plus de sept cents étudiants. Le tumulte fut tel que le recteur perdit un peu la tête et, par ses maladresses, gâta la situation. Le Conseil de l'Université décida de réprimer ces troubles. Quatre étudiants, considérés comme les promoteurs, furent condamnés à quelques jours de cachot. Mais deux d'entre eux refusèrent de subir leur peine, qu'ils jugeaient humiliante, et, en sortant du cabinet du recteur, ils invitèrent leurs camarades à un nouveau meeting pour le lendemain. Comme on avait fermé les salles pour empêcher la réunion d'avoir lieu, les étudiants brisèrent les portes. Des scènes violentes se produisirent. Les deux étudiants réfractaires furent chassés de l'Université ; ils durent quitter Kiew. Leurs camarades les reconduisirent à la gare ; ils partirent au milieu d'ovations, de chants ; ils exhortaient ceux qui restaient à continuer leur œuvre de protestation. Dans les jours qui suivirent, l'Université fut véritablement en état de siège. Un meeting colossal s'y réunit, s'y enferma. Les étudiants organisèrent la résistance ; on voulut leur barrer les portes et les affamer, mais ils repoussèrent leurs ennemis, postèrent des sentinelles aux portes et régularisèrent le service de l'approvisionnement. Les troupes du général gouverneur intervinrent.

Cette révolte se liquida par de terribles

châtiments. Au mois de juillet 1899, le Tsar, inquiet décidément, avait ordonné qu'on reprît contre les étudiants coupables une ancienne coutume depuis longtemps abolie : l'envoi, pour quelques années, dans des régiments. Le Ministre de l'Instruction publique, au mois de décembre 1900, utilisa ce brutal procédé de répression : deux étudiants furent faits soldats pour trois ans, cinq pour deux ans, cent soixante-seize pour un an. Douze étudiants de Pétersbourg ayant refusé de prêter le serment de fidélité à l'Empereur, furent envoyés, en Sibérie, aux travaux forcés.

Les autres universités ne sont pas plus calmes que celle de Kiew. Le 19 février, jour du quarantième anniversaire de l'abolition du servage, les étudiants de Pétersbourg firent une importante manifestation. Ceux de Kharkow aussi. La foule se battit avec la police et les cosaques.

A Moscou, depuis le 23 février, l'agitation révolutionnaire est presque continuelle. Des centaines d'arrestations ont lieu tous les jours, et c'est un fait qu'il importe de noter que les étudiants ne sont pas seuls dans ces bagarres; les rapports officiels constatent la présence parmi eux de « particuliers », de « gens de différentes espèces » : ce sont tout simplement des ouvriers en grève et c'est la première fois qu'on voit un mouvement ouvrier se joindre au mouvement universitaire et le renforcer. La situation devient, de ce fait, extrêmement grave.

Ce qu'il convient encore de signaler, c'est la violence de ces émeutes. Le 4 mars, à Pétersbourg, plus de trois mille manifestants se massèrent sur la place de Kazan. On déploya des drapeaux rouges, on pénétra dans la cathédrale, tête couverte et cigarette à la bouche, on bouscula le suisse, on n'écouta pas les remontrances du prêtre; on se battit contre la troupe. Les émeutiers prirent pour armes ce qu'ils trouvèrent sous leurs mains, des pierres, des galoches, des bâtons, des barres de métal qui maintenaient le tapis de l'église. Un officier de cosaques reçut à la tête une hache qui le blessa grièvement.

On sait enfin l'assassinat du Ministre de l'Instruction publique par un étudiant. L'affaire n'est pas encore très clairement élucidée; mais le fait est constant et la signification n'en est point douteuse. Un nouvel attentat vient encore d'avoir lieu contre le procureur général du synode, le sinistre Pobedonostseff.

Quelle sera la conséquence dernière de tout cela? Il est difficile de le dire avec certitude. Le Gouvernement est puissant et, s'il lâche ses Cosaques sur les émeutiers, il triomphe aisément. Mais enfin, la continuité, l'acharnement de la révolte est caractéristique. Il n'est pas évident que cette agitation encore incertaine et convulsive ne soit pas le commencement de la révolution russe.

Dans leur protestation contre les actes arbitraires de la police, les étudiants russes réclament au nom de la dignité de la personne humaine. Ils demandent la reconnaissance officielle des droits de l'homme, une sorte d'*habeas corpus*. Ils se sont levés pour défendre les libertés nécessaires. Et voilà qu'ils commencent à rassembler autour d'eux quelques éléments divers de la population, qui s'associent à leur lutte contre le despotisme. L'autocratisme des Tsars est en péril...

... Et ce soir, au couchant sombre du ciel d'hiver, sous les rafales de vent farouche, le vieux Kremlin semble resserrer plus jalousement l'étroite ceinture de ses murailles crénelées sur le trésor des traditions impériales.

V

(*Les rues.*)

Depuis hier, sans discontinuer, la neige tombe, en flocons lourds et denses, parallèles, qui frôlent les murs, les vitres et se posent, se tassent, s'amoncellent avec un bruissement léger. Le ciel est sombre ; le soleil est mort. La vague lueur jaune dont l'atmosphère se teinte encore semble un dernier reflet de la lumière défunte, conservé par hasard entre la neige de la terre et la neige du ciel qui l'emprisonnent. Et les choses vont s'endormir dans une torpeur funèbre...

Les rues sont drôles. Les passants, nombreux, agités, ont une préoccupation principale : ils s'efforcent de ne pas geler. Le danger n'est pas seulement d'avoir froid, d'attraper un rhume peut-être, mais de sentir bientôt une partie de soi-même,

et le nez par exemple, devenir un gla-
çon. Alors, ils s'emmitouflent d'épaisses
fourrures ; le col de la pelisse, relevé, dé-
passe la hauteur de la tête extrêmement,
de grands bonnets d'astrakan s'enfoncent
jusqu'aux oreilles. Un capuchon de poil
de chameau recouvre le tout, hermétique-
ment, laissant à peine un peu de jour pour
la respiration et pour la vue ; les mains
gantées font manchon dans les manches
fourrées. Les gens du peuple sont plus
grossièrement entortillés dans des choses
volumineuses, matelassés, ficelés. Hommes ou femmes, — on ne sait pas. Tels ils
vont à travers les rues, traînant leurs galoches à petits pas courts, sortes de gros
paquets frileux qui se bousculent et rebon-
dissent et cheminent, — on ne sait comment. Parfois, l'un d'eux s'arrête, avec
inquiétude, se tâte le nez ou les oreilles
et, s'il les trouve insensibles, durcis par
le froid, il les ravigote avec une poignée

de neige en frottant fort : ce petit traitement homéopathique réussit généralement.

Au premier crépuscule du soir, à l'heure incertaine du chien et loup, la rue s'emplit de mélancolie. Le silence en devient inquiétant ; le cri des isvochtchiks, seul entendu, semble farouche. Les frôlements de la neige qui s'insinue au bord des yeux ou dans les manches, glaciale, agaçante, fait frissonner. Et si des cloches, soudain, se mettent en branle, leurs vibrations emplissent l'air d'un immense et sauvage vacarme dont l'âme est bouleversée, et les derniers tintements, grêles, incessants, énervent. Et le silence, après, prend une douceur presque palpable.

Puis, les magasins s'allument ; la neige, en flocons épars, danse aux vitrines claires : on dirait des phalènes que la lumière attire... Surtout, les chapelles s'embrasent, les innombrables petites chapelles où s'abritent, à tous les coins de rues, à la lueur des cierges et des veilleuses, éclatantes d'or et de pierreries, les icones. La Vierge y incline son front vers l'enfant et tous deux, engoncés dans la même robe de métaux et de gemmes, illuminés, regardent de leurs mêmes yeux tristes les saluts sans fin, les signes de croix multipliés des passants dévots et craintifs. Une odeur de cire et d'encens sort des chapelles, une chaleur lourde, asphyxiante... Les ruelles sont obscures, froides, le vent s'y engouffre, les traîneaux s'y embarrassent dans la neige amoncelée et, sur les trottoirs étroits, les gros paquets frileux ont plus de peine à cheminer, dans l'encombrement, dans l'ombre, hésitants, maladroits.

VI

(Chez Tolstoï.)

« Isvochtchik, Khamovnitchesky pereoulok, dom grafa Tolstogo! »

C'est au bout de la ville, dans une
ruelle déserte. Deux ou trois fois, mon
cocher se perd et, très vainement, me con-
sulte... Le comte Tolstoï, la maison de
Tolstoï, — cela ne lui dit rien. A chaque
tournant, il s'arrête, examine, interroge
un passant, revient sur ses pas et compli-
que son fantaisiste itinéraire. Finalement,
le patin du traîneau casse et je reste en
panne...

*
* *

J'ai vu Tolstoï, — et je me souviendrai
toujours de sa première apparition.

On m'avait fait entrer, pour l'attendre, dans une grande pièce rectangulaire, au premier étage de la maison de bois qu'il habite, l'hiver, à Moscou, — une large galerie aux murs peints en blanc marbré, sans ornements ni colifichets, nue, froide, avec son mobilier très simple et d'un arrangement presque anonyme. A l'une des extrémités, une table longue recouverte d'une nappe, le samovar, les tasses et les verres pour le thé : c'est la salle à manger. Par ici, le piano, les fauteuils et la table à ouvrage : c'est le salon.

J'attendais là. Par une porte ouverte au fond de la pièce, j'entrevis son étonnante silhouette qui se dessinait dans l'ombre. Il approchait, d'un pas ferme, assuré. Il m'a tendu la main, souhaité la bienvenue.

Il est vêtu d'une blouse noire d'ouvrier, boutonnée aux poignets, serrée à la taille d'une ceinture de cuir, entr'ouverte au cou sous la longue barbe blanche... Mais, tout cela, je ne l'ai vu qu'ensuite. J'ai vu d'abord ses yeux, ses petits yeux pâles, profonds et mobiles, d'une admirable limpidité, d'une sincérité manifeste, durs parfois, avec des reflets d'acier clair, doux aussi par instants et toujours illuminés d'une flamme intime, — son nez puissant dont les narines frémissent, — ses lèvres au pli vigoureux et volontaire.

Il me fait songer au Saint Jérôme de Piero della Francesca, que j'ai vu naguère à l'Accademia de Venise. C'est le même regard de certitude et de simplicité, une manière grave d'envisager la vie, et la même volonté, ferme et résolue, d'en laisser de côté les agréments et les vanités. Comme l'humble donateur du tableau de Venise, j'écoutais la parole du maître et, comme le Saint Jérôme dont les gros doigts tournent lentement les pages de l'évangéliaire, il me révélait la vérité.

Il ne l'adoucissait pas pour la mettre à

ma portée, — car il n'y a pas de demi-vérité. Il n'élevait pas la voix pour me persuader et ne recourait pas à de subtils arguments, — car la vérité ne s'enseigne
pas en détail. C'est une lumière dont la
vie entière est éclairée. Il faut que chacun de nous la découvre à son tour pour
lui-même : les sages ne peuvent que nous
donner l'exemple et le désir de les imiter.

Oui, le meilleur de son enseignement
vient de son regard qu'éclaire la plus se-
reine, la plus vaillante certitude.

... J'avais rencontré déjà, sans doute,
même dans mon pays, un assez grand
nombre de personnages graves, ou qui le
paraissaient au premier abord, et qui s'é-
taient fait une noble réputation. Je crois
bien qu'au fond deux ou trois seulement
parmi eux étaient à peu près exempts de
puérilité. Mais je n'avais jamais eu si certainement, si profondément, une impression de *sérieux*. Nous prodiguons cet ad-

jectif à tort et à travers ; si l'on songe à tout ce qu'il suppose d'énergie, de volontaire oubli de soi, de pensée puissante et de vertu, peut-être faudra-t-il renoncer presque à l'employer. Mais alors, il conviendra tout à fait de l'appliquer à Tolstoï.

… J'avais rencontré déjà, sans doute, même dans mon pays, des écrivains très illustres, de grands esprits, des académiciens, que sais-je ?... ou même des hommes de beaucoup de talent. Précisément, ils avaient trop de talent, ou simplement d'habileté ; ils m'apparaissaient comme de considérables confrères : il n'était pas manifeste qu'ils fussent des êtres spéciaux, au delà de l'humanité. Et jamais comme auprès de Tolstoï je n'avais eu l'impression certaine, absolue du génie...

La comtesse Tolstoï arrive, et puis sa fille Tatiana, la meilleure élève du Maître, puis son fils, le comte Léon, avec sa jeune femme, des amis, des disciples. La soirée de famille commence tranquillement, sous le cercle intime de la lampe... « Vous arrivez de France. Votre pays a été très agité par cette affaire de trahison... Les grands malheurs ont parfois leur utilité : il est très bon qu'un cas de conscience se pose pour la France. »

Tolstoï se lève. Avec son fils, il se promène d'un bout à l'autre de la longue salle. Tandis qu'il s'éloigne dans l'ombre, ou se rapproche de la lumière, j'admire la belle stature, droite et fière, de ce vieillard de soixante-dix ans. Comme si l'âme communiquait sa vaillance au corps qu'elle anime, on ne voit aucune lassitude, aucune défaillance dans son allure.

« Il monte encore à cheval, me dit la comtesse; il fait ses trente-cinq verstes sans arrêt. Quand nous allons ensemble, je fais semblant d'être fatiguée pour qu'il se repose. Mais il est infatigable! Il a pa-

tiné cet après-midi. Même, il fait de la
bicyclette, et cela nous inquiète. Il n'y a
rien à lui dire : le comte ne sera jamais
raisonnable ! »

*
* *

Il n'y a pas de demi-vérité, il n'y a pas
de demi-vertu. C'est tout ou rien, — et si
vous n'êtes pas avec moi, vous êtes contre
moi. Il faut prendre conscience du sérieux
de la vie, et, délibérément, mettre en accord ses actes et ses convictions vraies.
Il faut tuer le vieil homme !

O maître, maître, le vieil homme va re-
gimber. Oh ! comment faire pour qu'il ne
gémisse pas, pour qu'il ne crie pas pendant l'exécution ? Maître, votre règle est
dure ! Le cher vieil homme, voluptueux et
doux, il va falloir le tuer ?... Il ne goûtait
de la vie que les futilités, les vains mensonges éphémères, les délicates et frivoles
apparences de beauté ! Oublieux des cho-

ses éternelles, il s'était attaché dévotement aux frêles images d'incertitude et, plus il les sentait fugitives, plus il était charmé de leur grâce mortelle. Il les aima tant et si bien qu'elles devinrent pour lui, les décevantes, comme une sorte d'absolu… Ô maître, le vieil homme va geindre pour mourir!…

VII

(*La famine.*)

Il a neigé toute la nuit et, ce matin, au réveil, le ciel s'est déblayé. Le gai soleil répand sa claire lumière dans l'air pur et léger, pétille sur les coupoles dorées, rayonne sur les parois peintes des palais et des églises, caresse la neige immaculée et toute fraîche. Il ne la fond pas, il lui laisse sa rigidité sèche, mais il la colore de lueurs douces; elle est toute rosée, avec des ombres bleues, et de petits prismes lumineux y étincellent comme une poussière de diamant. Le froid continue, mais c'est une heure délicieuse de printemps dans la neige. Les carillons prennent un air de chanson gaie : un sourire est dans les choses. De la terrasse du Kremlin, la ville qu'on aperçoit s'anime et s'éclaire ; les vitres luisent et flamboient et, des innombrables cheminées, s'élève, en petits flocons blancs qui galopent comme un troupeau de moutons au soleil, la fumée des foyers heureux dans les maisons bien closes.

Oh ! la douce et bonne impression de la Nature redevenue clémente et de tant de joie qu'elle donne aisément...

Cependant, la famine sévit et ravage au loin la campagne russe ! L'horrible fléau semble s'y installer et périodiquement il met à l'extrémité des populations entières. Actuellement, il s'étend sur un immense rayon de vingt millions d'habitants. Les dernières récoltes ont été déplorables, non sans doute que la terre soit partout mauvaise, mais on ne sait pas la cultiver, on n'a pas les outils qu'il faudrait et la routine entrave tout. Les céréales font défaut; jusqu'à l'automne on mangea de l'herbe. On fit du pain avec de la farine de glands mélangée de terre. Pour le bétail, faute de foin, on a pris le chaume des masures. Aux premiers froids, on a brûlé, pour se réchauffer, tout ce qu'on avait, les palissades, les portes. A présent, on gèle littéralement. La maladie s'en est mêlée : le typhus et le scorbut ajoutent leurs tortures à celles de la faim.

Les témoins oculaires de ces horreurs font des récits terrifiants. Ils ont trouvé dans des coins de chaumières en ruines des espèces de cadavres entassés : une toux rauque secouait un des pauvres corps en train de mourir. Il y a des êtres si décharnés qu'ils semblent des fantômes; il y en a d'autres que la faim a gonflés. A l'arrivée d'un étranger, les petits enfants accourent, pieds nus, sur la neige, dans l'espérance d'un peu de pain... D'ailleurs, les détails manquent : les journaux sont à peu près muets ; la police impériale les surveille !

On a tâché d'organiser des secours. L'initiative privée s'est plus d'une fois montrée sublime. On n'a pas seulement donné de l'argent ; mais des femmes du monde sont parties, abandonnant tout le reste, soigner les malades, distribuer des vivres, s'installer auprès des misérables dans les plus sinistres coins de campagne ; elles ont dû tout faire : la souffrance avait écrasé toutes les énergies et jeté dans les âmes une sorte de résignation hagarde et stupide devant l'approche inévitable de la mort.

Le Gouvernement a souhaité, lui aussi, de remédier au mal. Mais en même temps il était préoccupé d'autre chose : il vou lait à tout prix empêcher qu'on fît trop de bruit autour de ces misères ; il craignait qu'elles fussent exploitées par les mécontents, la pitié pour les souffrances humaines pouvant facilement se mêler de revendications sociales. Ces deux préoccupations des pouvoirs publics, celle que leur inspirait l'instinct de miséricorde et celle que leur inspirait l'instinct de conservation, sont entrées souvent en conflit, — au grand détriment des affamés. Des femmes charitables et dévouées qui voulaient porter aide et secours aux victimes du fléau, se sont vu entraver dans leur œuvre de pitié : on les a sommées de se joindre à la *Croix Rouge,* société de bienfaisance présidée par l'Impératrice douairière ; et quand elles refusèrent de s'associer à cette œuvre officielle, on interdit leur généreuse entreprise. Les souscriptions publiques, les représentations à bénéfices, les fêtes de charité furent défendues. C'était d'autant plus regrettable que, dans son désir essentiel d'éviter tout tapage, le Gouvernement faisait assez mal les choses. Dans un district du sud, par exemple, les paysans demandèrent l'autorisation de ramasser les glands dans les forêts impériales. Cette pétition fut longuement discutée par les autorités compétentes, — si longuement même que quand la permission fut enfin donnée, l'hiver était venu, la neige avait recouvert la pauvre moisson tant convoitée...

Les affamés meurent en grand nombre. Le fléau s'étend. La rigueur de la saison rend les maux plus intolérables.

... Dans les profondeurs mornes de la campagne, dans l'immense lointain des plaines de neige, il y a trop de chair humaine souffrante, râlante, agonisante. Oh ! le sourire de la Nature, dans cette douce et lumineuse matinée d'hiver, est faux et menteur !...

VIII

(Le musée historique.)

Moscou gardera longtemps sa physionomie particulière, son charme spécial. Les Moscovites sont fiers de leur ville et n'ont pas le fâcheux désir de lui donner « l'air d'Europe ».

Le Musée historique contient tous les documents qu'on a pu rassembler sur l'ancienne Russie : des armes, des images saintes, des figurines d'or ou de terre cuite, des tissus, tous les pauvres restes de la vie qu'on retrouve dans les tombeaux après les siècles écoulés. Des bijoux surtout : pour les tempes des femmes, des pendeloques de métal, rigides d'abord et grossières, aux époques rudes de la préhistoire, — puis toutes découpées, puis articulées, ornées de grelots et bruyantes, pour des temps plus heureux où l'existence humaine s'égayait.

* * *

Tout cela, qui fut joyeux, qui fut mêlé à de la vie, les parures et les armures, les étoffes qui se drapèrent sur des corps aimés, tous ces vestiges d'autrefois sont pleins de souvenirs qui dorment et qui voudraient qu'on les éveille. Mais nulle pensée ne les saurait éveiller. Signes incompréhensibles, alphabets illisibles, à présent objets de musées, catalogués, étiquetés, ensevelis, les vestiges du passé mort sont plus tristes pour ne plus sembler que de petites choses insensées, vaines et sans âmes. Et les bijoux surtout, les pendeloques et les bagues sont tristes : plus fugitive fut la mode qui leur avait donné leur charme et plus fragile était leur grâce, et plus s'est vite évanoui le fragile prestige qui les fit désirer, poussière d'or des temps abolis, oui, plus est triste leur durée et douloureuse leur survie après qu'ont disparu dans le définitif néant les vivantes pensées qui les embellissaient de leur ferveur ! Il ne faudrait pas laisser après soi de trop solides souvenirs : les bijoux ont la vie trop dure ; frêles, les fleurs suffiraient.

⁎

Pierre Chtchoukine a fait construire un palais dans l'ancien style russe ; il y accumule les trésors de la plus riche et intelligente collection. C'est le musée de Cluny de la Russie. Ciboires, porcelaines, bagues, agrafes de corsages et bracelets, émaux, bois sculptés, vitraux, meubles anciens, objets du culte le plus luxueux et le plus éclatant, croix émaillées et ciselées, tiares et ciboires, gobelets d'argent, cristaux fins, aiguières et burettes, figurines, broderies, sont entassés sous les voûtes basses que des colonnes sculptées soutiennent. A travers les vitres opaques filtre une lumière jaune et molle qui rôde sur l'or des orfèvreries, aux plis des étoffes illustrées, sur les trophées d'armes. Dans les recoins d'ombre, les étincelles des pierreries éclatent parmi les reflets mats des métaux...

IX

(*Tolstoï.*)

J'ai dîné chez Tolstoï.

La grande table simple, en forme de long rectangle, éclairée de bougies, était entourée des enfants du maître. La comtesse, au bout de la table, à côté du samovar, présidait ; le comte était à sa droite et j'étais près de lui. Tout en mangeant les lentilles et les choux-fleurs de son frugal repas de végétarien, il se tournait vers moi, et j'ai vu de tout près ses yeux étonnants s'éclairer, s'adoucir, et prendre parfois une dureté singulière derrière le voile des sourcils en broussailles.

« ... Il n'y a guère d'ouvrage plus mal écrit que l'Évangile. Si l'on voulait à présent publier l'Évangile, comme une chose nouvelle, on ne trouverait pas un éditeur pour se lancer dans une si périlleuse affaire... De même, Jésus-Christ ne serait considéré que comme un médiocre philosophe. Notez bien ce point, car cela suffit à condamner, à accabler sous le ridicule la conception moderne de l'art et de la philosophie ! »

Le comte Tolstoï venait d'achever son grand ouvrage *Qu'est-ce que l'Art?* qui paraissait alors dans une revue philosophique de Moscou, dirigée par le professeur Groth.

« Il y avait plusieurs années que je pensais à ce livre, mais il n'était pas mûr dans mon esprit. Il m'a fallu faire, pour l'écrire, beaucoup d'études difficiles ; depuis un an et demi, je n'ai pas cessé d'y travailler. C'est un ouvrage important...

« Je regrette bien que ce soit moi qui l'aie écrit, parce qu'on dira : C'est de Tolstoï, donc des paradoxes ! Il est entendu que je n'écris que des paradoxes. A cause de cette prévention, j'ai peur qu'on ne s'aperçoive pas que là est la vérité, l'incontestable vérité. Il serait bon, pourtant, qu'on le vît !

« Je regrette bien aussi de n'avoir pas conçu ce livre il y a trente-cinq ans, car, si j'avais eu cette idée directrice sur l'Art, j'aurais écrit tout autre chose que mes livres de cette époque, dont je suis très mécontent ! »

... Je pensais à part moi que c'était bien heureux qu'il eût imaginé si tard ses théories esthétiques, — et je n'aimais pas beaucoup l'entendre parler avec ce sans-gêne d'*Anna Karénine*, de *la Guerre et la Paix ;* cela m'offensait...

« Vos romans, *Anna Karénine?*

— Oui, m'a-t-il répondu très rudement, en frappant de la main sur la table, et si je le dis, ce n'est pas pour qu'on me dise le contraire ! »

Bien entendu, je n'ai pas insisté. Discuter avec Tolstoï! cette idée folle ne m'est pas venue, à moi chétif : et, très lâchement, j'ai laissé débiner les œuvres, je crois, que j'admire le plus...

Tout autre que lui ne pourrait renier ainsi son passé glorieux sans qu'on le soupçonne de coquetterie. Mais, de la coquetterie chez Tolstoï? Vous ne l'avez pas vu. Il faut n'avoir pas vu ses yeux, n'avoir pas entendu l'accent de sa parole pour ne pas croire à sa pleine et entière sincérité, à sa constante préoccupation d'être clairvoyant et véridique. Beaucoup de gens, en

Russie comme en France, admirent surtout en lui le romancier de génie et font assez bon marché de ses écrits philosophiques et moraux. Or il est précisément, quant à lui, d'un sentiment contraire et, si paradoxale que semble cette opinion, comme elle est de tout point conforme à ses principes sur l'art et à l'emploi qu'il fait présentement de son activité intellectuelle, nous n'avons aucune raison de suspecter sa bonne foi. On n'a jamais le droit, d'ailleurs, de suspecter la bonne foi de Tolstoï!

Un de ses amis lui exprimait un jour son regret, « le regret de tous les lettrés et des gens de goût », de le voir renoncer à écrire des romans. « Moi aussi, répondit-il, cela m'amuserait davantage, mais j'ai bien autre chose à faire : c'est plus grave et c'est plus pressé! »

« Voyez-vous, me disait-il encore, ces œuvres-là sont inutiles... Êtes-vous chasseur? Quand on part, le matin, pour la chasse, on va dans tous les bois, dans tous les fourrés, on ne veut pas laisser un champ sans l'essayer, on veut aller partout, quitte à ne rien trouver ici ou là. Mais quand vient le soir et quand il va falloir rentrer à la maison, on n'a plus le temps et, si l'on est sage, on va tirer son dernier coup de fusil à l'endroit précis où l'on est sûr qu'il y a quelque chose à tuer : peu importe désormais la beauté du site et l'agrément de la promenade... Voilà ce que je dois faire ; je n'ai pas de temps à perdre. »

On parlait beaucoup alors, mais assez vaguement, d'un roman commencé depuis longtemps et que Tolstoï songeait à terminer. C'était, disait-on, l'histoire d'un juré qui doit, un jour, à la cour d'assises, prendre part au jugement d'une fille perdue, accusée d'empoisonnement. En pleine audience, le juré reconnaît cette fille : il l'a jadis séduite. Il se sent responsable de l'infamie où elle est tombée; il entreprend alors le relèvement moral de la malheureuse, il va la trouver dans sa prison, il lui prêche la bonne parole… Et le dénouement? On ne le savait pas. Un Moscovite, auquel Tolstoï avait lu jadis les premiers chapitres, me disait : « La conclusion toute naturelle et très morale de cette aventure serait sans doute qu'il ne faut pas séduire les pauvres filles et que, si par malheur on est tombé dans cette faute, il faut bien vite épouser sa victime. Mais la conclusion de Tolstoï est… qu'il ne faut pas qu'il y ait de jurés ni de juges! »

J'ai bien essayé de parler à Tolstoï de son roman; mais il n'a que du mépris pour cette œuvre. « C'est inachevé, m'a-t-il dit, je ne le terminerai pas, et ce que j'en ai fait ne sera jamais publié. »

… Quelques mois plus tard, *Résurrection* paraissait. Que s'était-il passé? Est-ce que Tolstoï revenait à la « littéra-

ture »? Renonçait-il à son apostolat, à
l'action, pour l'art tout simplement, son
art d'autrefois? Non, — ou plutôt oui, oui
et non, car l'affaire est complexe.

D'abord *Résurrection* n'est pas simplement une œuvre de divertissement, mais
un roman philosophique et moral où se
trouve posée une question de conscience
et de devoir : comment Nekhludoff rachè-
tera-t-il sa faute? comment travaillera-
t-il au relèvement de la petite prostituée,
sa victime? par quel sacrifice de lui-
même expiera-t-il? où ces deux âmes endormies dans la mort du péché trouveront-
elles la résurrection et la vie? Il est facile
(il n'est que trop facile) d'apercevoir dans
l'œuvre actuelle le grand effort qu'a fait
Tolstoï pour en accentuer le caractère
moral. La seconde partie, qui est nouvelle,
est beaucoup moins descriptive et beaucoup plus prédicante que la première, qui
est ancienne. Les considérations sur le

droit de propriété, sur le partage des biens, sur la possession collective de la terre se mêlent au drame angoissant du début, et l'interrompent. Il y a quelque raideur dans tout cela, et ce roman, qui commençait comme *Anna Karénine,* se termine dans un dogmatisme impérieux et sévère. Même, il ne se termine pas tout à fait... Cette adaptation d'une œuvre d'autrefois à ses idées d'aujourd'hui, Tolstoï ne l'a pas faite sans difficulté. Il a dû s'y remettre à plusieurs reprises, et l'*Écho de Paris* qui publiait au jour le jour *Résurrection* a deux fois interrompu ses feuilletons pour laisser au maître le temps de remanier ses derniers chapitres. Et maintenant même nous n'avons pas le dénouement définitif. Tolstoï le reprendra plus tard : ce sera le début d'un autre roman... Oh! cet autre roman, quand sera-t-il fait et que sera-ce?... Il est bien difficile, quand on a si énergiquement molesté le vieil homme, de se raccommoder ensuite avec lui, surtout si l'on ne veut pas lui faire la moindre concession : le vieil homme boude !

Mais Tolstoï le savait bien, qu'il n'y a pas de transaction possible entre le bien et le mal. Il n'y a pas de demi-vertu, comme il n'y a pas de demi-vérité : c'est de lui-même que je tiens ces principes. Alors, pourquoi donc n'a-t-il pas renoncé carrément à son passé damnable, puisqu'on ne fait pas du bien avec du mal ? Voici ; et c'est ici que Tolstoï révèle le mieux ses convictions présentes.

S'il a publié *Résurrection,* c'est pour donner aux Doukhobors les bénéfices de cette publication. On connaît cette secte singulière de paysans du Caucase. Ils refusent le service militaire, parce que leur religion leur défend de tuer. Le Gouvernement les poursuit. Ils s'entêtent, s'exaltent. Le Gouvernement s'acharne et les persécute. La doctrine des Doukhobors est exactement conforme aux idées de Tolstoï : il désire leur venir en aide ; il veut, en leur faisant passer de l'argent, faciliter leur émigration.

Mais pourquoi faire servir à cette activité nouvelle une « littérature » ancienne et qu'il réprouve ? Pourquoi ne pas donner aux Doukhobors le produit d'un ouvrage apostolique et chrétien ? C'est que Tolstoï a des idées spéciales sur la propriété littéraire. Il considère que ses livres moraux ne lui appartiennent pas ; il ne veut pas qu'ils lui rapportent de l'argent, il refuse de les vendre. Tandis que de simples œuvres d'art,... il les méprise tant qu'il consent à les considérer comme une marchandise. Et s'il a remanié *Résurrection,* c'est pour que ce roman ne fît pas de mal, s'il ne faisait pas de bien...

Tout cela, sans doute, est très compliqué, — mais presque sublime, n'est-ce pas ? à force d'être ingénu.

*
* *

Tolstoï était alors exclusivement préoccupé de son livre de l'Art. Il m'en a
montré les épreuves, il m'en a lu quelques
passages. L'Art est entré dans une voie
mauvaise et la déviation s'accentue tous
les jours. Le nombre des prétendus artistes se multiplie à l'infini. Autant de gens,
par suite, qui donnent à leur existence une
destination fausse. Plus que jamais, puisque l'Art prend actuellement une place
si exorbitante dans notre civilisation, il
importe de dire avec précision ce que l'Art
doit être.

C'est en France surtout que Tolstoï
constate et veut montrer cette corruption
de l'Art.

« Comme la France est toujours en
avance, me dit-il, et comme les autres
nations la suivent, il y a là un grand

danger. C'est dans son germe qu'il faut attaquer le mal. L'art moderne, en France, est l'art des Décadents : poètes abstrus dérivés de Baudelaire, peintres pointillistes, impressionnistes et autres à la suite de Puvis de Chavannes dont la *naïveté artificielle* est insupportable, musiciens incompréhensibles qui subissent la déplorable influence de Wagner, — tous des Décadents ! »

Ce nom de *décadents*, à peu près abandonné, je crois, en France, est resté très à la mode en Russie, et Tolstoï est d'accord avec ses compatriotes quand il croit pouvoir désigner par cette étiquette toutes les productions récentes de l'art occidental. Et c'est dommage, car il fait une confusion fâcheuse entre des œuvres détestables et d'autres qui sont originales, profondes ou charmantes et qui marquent bien plutôt le commencement de quelque chose qu'un ressassement de décadence...

Très consciencieusement, pour se mettre au courant de ce qu'il y a de plus nouveau chez nous, Tolstoï a lu toutes les petites revues françaises, les plus inconnues, les plus saugrenues. Il les abomine, il n'a pas de mots assez durs pour les qualifier, mais il les croit significatives. C'est là, sans doute, le reproche qu'il faudra faire à son livre : il s'appuie sur des renseignements nombreux, mais recueillis un peu au hasard. Tolstoï attache trop d'importance à des écrivains qui n'en ont aucune et dont les œuvres ne sont pas du tout les signes d'un état d'esprit général : il sait par cœur, il récite avec indignation les vers de MM. Y... ou Z... (je ne me rappelle plus leurs noms) — et, d'autre part, il ignore Henri de Régnier. Peut-être aussi faut-il regretter que Tolstoï considère comme purement français quelques auteurs belges, et regarde comme des fautes contre la tradition de notre langue des idiotismes

des pays flamands. Il est fâcheux enfin
qu'il n'ait pu visiter nos musées et connaître la peinture française et anglaise
autrement que par d'insuffisantes reproductions, ou bien encore par des descrip-
tions de critiques, ou peut-être seulement
par des récits de voyageurs. Tolstoï aurait
bien voulu faire lui-même cette enquête,
mais on lui refuse un passeport, — ou, du
moins, on ne lui cache pas que s'il s'en
va, on ne le laissera pas revenir : le Gouvernement est sévère pour son terrible
grand homme.

Quoi qu'il en soit, Tolstoï déteste l'art
français contemporain...

« Vos écrivains nouveaux sont peut-être
profonds, mais moi, je ne les comprends
pas. Ils sont aussi obscurs qu'Ibsen, et
quant à cet homme-là, je ne sais pas ce
qu'il veut dire. Si vous appréciez son *Ca-*
nard sauvage, vous m'obligeriez en me
l'expliquant... Mais enfin, lui, c'est un

Scandinave, — il n'importe! Seulement, en France, le pays de la clarté et du naturel!... Quand on a eu des prosateurs comme Maupassant, des poètes comme. Hugo, et non seulement Hugo, mais, parmi les Parnassiens, il y avait encore de vrais écrivains : votre Sully-Prudhomme a exprimé de nobles idées! »

Cette corruption de l'Art correspond au développement de mauvaises doctrines esthétiques. Ces doctrines, nées en Allemagne et en Angleterre, se sont répandues partout.

« Principalement, me dit Tolstoï, elles aboutissent à faire de l'Art quelque chose qui se suffise à soi-même. C'est du cynisme; mais on demande beaucoup pour obtenir un peu. Et l'on est arrivé à cette *blague,* vous m'entendez, à cette *blague* du Beau, du Vrai, du Bien, que votre Victor Cousin a eu le tort de populariser. C'est une trinité ridicule que celle de l'Art, de la Science et de la Morale. On veut nous faire croire que l'Art se suffit à lui-même, qu'il a en lui-même sa valeur et sa raison d'être, tout comme le Bien, et que, par suite, ceux qui consacrent leur vie à l'Art trouvent là un principe suivant lequel ils peuvent organiser leur vie. C'est absurde !

« Comme toutes les fausses doctrines philosophiques, celle-ci n'a d'autre but que de légitimer, par des abstractions subtiles, une manière d'être à laquelle on tient pour des raisons qu'on ne veut pas avouer, qu'on ne veut pas s'avouer à soi-même ! Vous avez en France vingt-cinq mille artistes, il y en a autant dans les autres pays. Voyez cette troupe immense de parasites. Parasites, puisqu'ils vivent aux dépens du peuple et ne lui servent à rien... Si encore ils imprimaient eux-mêmes leurs sottises, il n'y aurait que demi-mal, mais songez aux innombrables ouvriers, aux *es-*

claves blancs dont l'existence entière est prise par cette besogne : ils usent leurs yeux à déchiffrer ces grimoires, ils usent leurs poumons à respirer la poussière du plomb. La construction des Pyramides d'Égypte ne fut pas un plus inutile et pénible travail. Et, en échange de ce que le peuple leur donne, que lui donnent-ils, eux? Rien! Rien, puisque leur Art, si raffiné, n'est destiné qu'à quelques initiés. Les privilégiés, après avoir essayé toutes les jouissances, en viennent à tâter de ces absurdités pour se divertir. Et ils n'y réussissent pas. C'est là leur suprême condamnation. Si seulement ils étaient heureux!... Mais leur maxime, à tous ces artistes et à leur clientèle, c'est : « Je m'embête!... » Eh bien, c'est pour donner une excuse à ces parasites que les esthéticiens ont inventé la doctrine de l'Art pour l'Art, qui est monstrueuse!

« Leur Art est une idole à laquelle

on sacrifie des générations d'hommes, et la plus pauvre, la plus ridicule idole !

« L'Art n'a pas le droit d'exister sans être populaire. Il ne doit pas y avoir de classes privilégiées. Si l'Art est, comme il semble, un agrément nécessaire à la vie humaine, il ne doit pas être réservé à quelques heureux seulement. Il faut que l'Art soit populaire ou qu'il ne soit pas. Mais, pour devenir populaire, il faut que, au lieu d'être un jeu frivole de blasés et de viveurs fatigués, il prenne un intérêt plus général en plongeant dans la vie humaine, — vraiment humaine, et non plus artificielle et frelatée, — une racine profonde.

« Cela ne veut pas dire qu'on doive abaisser l'Art pour le mettre à la portée du peuple. Les délicats prétendent que le peuple ne comprend pas. Il ne comprend pas les délicats, sans doute, et il a raison ! Mais chaque fois que j'ai conduit mes amis paysans, des autodidactes qui valent bien vos savants, à la galerie de tableaux des frères Trétiakoff, je les ai vus vivement impressionnés par les belles œuvres de Répine et de Gué.

« Je ne demande pas que l'Art soit purement et directement moralisateur. L'essentiel est qu'il intéresse le peuple. Or, il intéressera le peuple, c'est-à-dire la totalité des hommes, s'il est sincère, s'il exprime ce qui en nous est profond, c'est-à-dire humain, commun à tous les hommes. Dans l'Art, il y a trois choses : la sincérité, la sincérité et encore la sincérité. Il est inutile que l'artiste reçoive un enseignement professionnel. Les écoles d'Art ne servent à rien. Elles ne peuvent que fausser l'esprit des jeunes gens en leur faisant croire que le *métier* vaut par lui-même. Soyez seulement sincère et la pensée que vous exprimerez touchera les cœurs. L'éclat de rire exubérant et joyeux d'un petit enfant vous oblige à rire, vous le savez bien, même si vous êtes triste.

« Il y a beaucoup de privilèges encore et les sociétés mêmes qui se croient le plus égalitaires sont bien loin de l'être véritablement. Mais, le plus insolent de tous les privilèges, le plus scandaleux et le plus cynique, est celui de l'Art tel qu'on l'entend aujourd'hui. On ne prend même pas la peine de le dissimuler : les doctrines des esthéticiens ne l'excusent pas seulement, mais ils lui donnent un air de dignité qui fait l'orgueil des privilégiés.

« Il n'en a pas toujours été ainsi. L'art du moyen âge, la sculpture des portails et des chapiteaux, la peinture des verrières, n'était pas destiné aux savants et aux riches plutôt qu'au peuple : cet art était légitime, et même il était bon. Mais les Papes et les princes italiens de la Renaissance se sont composé de petites cours d'artistes : ils les attachaient à leurs personnes, les consacraient à leurs plaisirs et les nourrissaient.

« Eh bien, ces artistes de la Renaissance sont les véritables ancêtres des artistes d'aujourd'hui : ils furent des parasites !

« Une œuvre d'art est belle en proportion directe du nombre d'hommes qu'elle intéresse. Les chefs-d'œuvre pour cénacles ne valent rien. Or, je vous le demande, où trouvez-vous dans votre Europe occidentale une seule tentative sérieuse d'intéresser le peuple par la peinture ou par la sculpture? Nulle part. Tout au plus pourrait-on citer, bien que je n'aime pas les idées qu'elle exprime, l'imagerie de Lourdes, — voilà tout ! »

*
* *

Ainsi défilaient, en ordre serré, les idées, — profondes, inquiétantes, hardies. Tolstoï m'avait dit d'abord : « On trouvera que ce sont des paradoxes ! »... On le trouvera, j'en suis sûr... Mais lui n'hésitait pas dans ses affirmations ; avec tranquillité, avec rudesse, il posait des principes ; et les conséquences logiques qui en provenaient, il les acceptait sans hésitation, bravement, — il les maintenait quand même, si singulières qu'elles pussent être, si choquantes qu'elles parussent à nos préjugés actuels. Il n'essayait pas d'en adoucir la violence ; il ne s'appliquait pas non plus à leur donner une forme révolutionnaire. Mais il les énonçait très simplement, comme d'évidentes vérités. Et quand elles m'étonnaient visiblement, je sentais bien qu'avec tristesse il faisait sur moi l'essai de l'incrédulité publique ; ses yeux durs fixés sur les miens me disaient : « Oui, je sais, vous n'y êtes pas ; mais, c'est pourtant la vérité !... »

7.

La soirée avançait. Tolstoï se mit à marcher de long en large dans la vaste pièce peu éclairée. Puis, il vint de nouveau s'asseoir sous la lampe. Il était silencieux et songeur. Il prit machinalement l'ouvrage de laine que sa fille aînée avait laissé sur la table en se retirant et, sans sourire, avec attention, — car tout travail est respectable, — il s'appliqua très soigneusement à faire quelques points de tricot, avec ses gros doigts, ces doigts merveilleux qui ont écrit *Anna Karénine, Enfance et Jeunesse, la Guerre et la Paix...*

X

(Wladimir Soloviev.)

Je voudrais pouvoir exprimer le charme particulier de Wladimir Soloviev. A présent, il est mort; mais je me souviens de lui... Sa longue et douce figure est encadrée de longs cheveux presque blancs et d'une longue barbe presque noire, légère et fine. Ses yeux ont une tristesse infinie, un air de résignation morne, malgré de beaux éclairs de chimère et de passion. Très grand, un peu voûté: sa démarche est calme et distraite; ses gestes sont élégants et discrets; il a, dans ses mains longues et fines, la gaucherie charmante des myopes un peu rêveurs. Sa voix, très souple, est douce et chancelante; elle s'anime parfois, devient métallique et sonore, puis monotone, sourde quand la pensée s'enfonce dans les brumes de mélancolie. Sa personne est tout enveloppée de tristesse, — et, s'il rit aussi, par instants, c'est du rire exagéré des tristes, comme par défi, parce que c'est autant de pris sur l'ennui douloureux de l'existence.

Philosophe, écrivain religieux, sociologue, poète, il occupa dans la Russie contemporaine une place importante à côté de Tolstoï, dont il était loin, d'ailleurs, de partager les idées. On ne saurait trouver deux esprits plus différents : élégant, délicat, raffiné, Soloviev ne renonçait pas, comme son illustre ami, à la douceur de vivre doucement. Le regret que lui avait laissé l'échec de ses rêves les plus hardis, de ses plus chimériques entreprises, s'était ensuite adouci dans une sorte d'épicurisme désabusé. Très artiste, il se refusait nettement à accepter les théories esthétiques de Tolstoï.

« Il faut envoyer le peuple à l'école, me disait-il un jour, plutôt que de se contenter de lui servir ce qu'il est actuellement en état de comprendre. La thèse de Tolstoï est antidémocratique en ce qu'elle paraît supposer que le peuple est incapable d'arriver à un plus haut degré de développement intellectuel. On doit élever le peuple jusqu'à l'Art et non abaisser l'Art jusqu'au peuple. »

Tolstoï et Soloviev ne pouvaient s'entendre sur cette question. Quand ils parlaient de « l'Art », l'un et l'autre, ils n'exprimaient pas la même chose par ce même mot. L'Art que goûtait Soloviev est précisément celui dont Tolstoï fait abstraction, parce qu'il le considère comme un futile et prétentieux passe-temps d'oisifs et de blasés. Et d'autre part l' « imagerie de Lourdes » ne satisfaisait pas Soloviev.

Quand j'ai vu Soloviev, il préparait un livre sur la Philosophie de la Connaissance et la Métaphysique; il entreprenait une traduction complète des œuvres de Platon. Soloviev était, en effet, un métaphysicien, et son influence, à cet égard, doit être remarquée. La philosophie russe, jusqu'à ces derniers temps fut nettement positiviste et expérimentale. Elle fut aussi

pratique, politique et même polémique;
elle garde et gardera, d'ailleurs, ce caractère, comme il est naturel dans un
pays où la pensée libre est opprimée et
ne peut se manifester qu'en combattant.
L'esprit de réaction passionnée contre les
idées officielles, contre le mysticisme orthodoxe, devait aussi la pousser au ma-
térialisme scientifique. Cette doctrine,
aisée et simple, s'associe facilement aux
revendications radicales, auxquelles elle
fournit une base dogmatique et palpable,
tandis que les incertitudes métaphysiques ne peuvent que les troubler; les
grandes envolées de la métaphysique
ne sont possibles qu'après la conquête
des libertés nécessaires; l'oiseau captif
se débat d'abord, à coups de bec, contre
le sol. Cependant, la philosophie russe
tend à se détacher de l'influence exclu-
sive d'Auguste Comte et des psycho-
physiologistes. Le professeur Groth, de

l'université de Moscou, mort récemment,
lui aussi, et qui dirigeait un des plus importants organes philosophiques de Russie,
les *Questions de psychologie et de philosophie,* rêvait, après avoir été longtemps
fidèle aux méthodes de M. Ribot, de
constituer une « métaphysique expérimentale »... Ce qu'aurait pu être cette
tentative singulière, il est difficile de le
dire ; mais le titre lui-même de l'ouvrage
projeté, surprenant sans doute, est caractéristique et révèle une tendance curieuse.

Soloviev n'avait pas renoncé tout à fait
au rêve de sa jeunesse, rêve pieux et
qu'exaltaient ses idées politiques et mystiques, qui contentait son désir généreux
d'activité sociale et son intime pensée
religieuse : il voulait rétablir l'union des
églises chrétiennes (1). Constatant que

(1) On connaît bien en France son livre sur « la Russie

le désaccord n'était pas dans les croyances essentielles, il souhaitait de réunir dans une même confession fraternelle tous les enfants du Christ; il pensait que de très simples concessions rendraient la réconciliation facile.

Espéra-t-il longtemps réaliser son rêve? Je ne le crois pas. Il estimait d'abord que la mauvaise volonté venait seulement du côté de l'orthodoxie russe; ensuite il se heurta de la part des catholiques et des Grecs à mille difficultés... Ses yeux s'emplissaient de douloureuse tristesse à ces souvenirs; il me raconta qu'un jour le nonce apostolique ne lui avait donné qu'à regret la bénédiction qu'il demandait en tendant les mains suivant le rite orthodoxe... « On ne veut pas comprendre, me disait-il, que ce qui divise les sectes chrétiennes est purement humain et ne touche

et l'Église universelle », écrit par lui directement en français et publié chez Savine en 1889.

en rien le fond divin de la religion. Que
faire?... »

Rien sans doute. De cette désillusion
venait à Soloviev sa mélancolie...

Malgré tout, il travaillait à l'apaise-
ment religieux. C'est lui peut-être qui re-
présentait, en Russie, avec le plus d'ardeur et de générosité, le parti des esprits
libres en lutte contre l'antisémitisme. En
1890, quand on chassa les Juifs de Moscou, il eut l'idée d'une protestation que
signèrent une soixantaine d'écrivains et de
philosophes, Tolstoï entre autres. On faisait appel au Tsar. Cette lettre, naturellement, n'arriva pas à son adresse. Elle
allait paraître dans un journal... « Mais
le chef de la censure, qui s'appelle *chef
de la presse*, me disait en riant Soloviev, eut vent de la chose. Il annonça
que le journal qui donnerait asile à cette
protestation subversive serait immédiate-
ment supprimé. L'affaire, néanmoins, fit

quelque bruit et ne fut pas inutile... On
peut bien dire, si l'on veut, que cette protestation venait de penseurs et d'utopistes, mais voici qui est plus significatif :
peu de temps après, une autre protestation fut formulée, et par qui? par les
marchands de Moscou ! Ceux-là ne sont
pas des utopistes ni des esprits chimériques ; on peut même affirmer qu'ils ont le
sens de la réalité et de·l'utilité! »

Soloviev considérait comme un grand
malheur la recrudescence de l'antisémitisme en France... « On a rarement vu
pareil déchaînement d'hostilité. Sans
doute, ajoutait-il, l'antisémitisme n'est
pas un mouvement spécial à la France.
Mais, étant données les idées généreuses
que la France représente, il aurait été
logique que spécialement l'antisémitisme
ne fût pas français du tout. Et maintenant,
il est très dangereux qu'une manifestation
de ce genre se produise en France : il est

à craindre, en effet, qu'*à cause de cela*
ce qui n'est en réalité qu'un pas en arrière
de la civilisation et des mœurs ait l'air
d'être un pas en avant, car on a l'habitude
de toujours voir votre pays en avance sur
les autres nations (1). »

« J'ai vu jadis une ou deux fois Dru-
mont, me disait-il encore. Ce n'est pas un
méchant homme, mais il est insuffisam-
ment renseigné. Je lui ai conseillé de venir voir les Juifs en Russie où il y en a
des millions, au lieu qu'en France ils ne
sont qu'une infime minorité, mais il n'a
certainement pas attaché d'importance à
mon conseil.

« En Russie, d'ailleurs, l'antisémitisme
est souvent bien plus brutal dans ses
effets qu'en France ou dans les autres
pays, mais il n'atteint peut-être pas l'o-

(1) L'ouvrage de Soloviev sur *la Russie et la Religion
universelle* commence ainsi : « Il y a cent ans, la France,
cette avant-garde de l'humanité... »

pinion publique aussi profondément.
Avant tout, il est ici une affaire de police
et d'administration. Il est plus ou moins
efficace, du reste, suivant les gouverne-
ments. Vous savez les résultats terribles
qu'il a eus à Moscou. Eh bien, on prête
encore au gouverneur actuel l'intention de
demander au Tsar le renvoi des derniers
israélites qui, en vertu de privilèges particuliers, ont pu rester jusqu'ici dans la
ville... Il est à croire que cela lui sera
refusé. Il est à espérer qu'en demandant
trop il compromettra la cause fâcheuse
qu'il défend !...

« Oui, concluait, en me quittant, Soloviev, France oblige ! Les Français se doivent à eux-mêmes de ne pas être antisé-
mites. Ils se le doivent à eux-mêmes et
ils le doivent aux autres nations, comme
un exemple ! »

*
* *

Cette idée de la dignité française et
des devoirs qu'elle nous impose, combien
de fois l'ai-je entendu exprimer en Russie,
et non seulement par Soloviev et par
Tolstoï qui, pour remédier à ces deux
fléaux, la haine religieuse et la dégénéres-
cence de l'Art, voudraient attaquer le mal
dans son germe, à l'origine de tout, en
France, — non seulement par eux, mais
par tous ces étudiants de là-bas, ces
professeurs, ces écrivains qu'on appelle
avec inquiétude et respect « le monde de
l'intelligence » et qu'anime en effet la
plus intense activité mentale.

Sait-on ce qu'est pour eux la France ?
Opprimés par leur gouvernement de fer,
empêchés d'agir et de réaliser leurs aspirations politiques et sociales, obligés
d'en confier la garde et l'hypothétique
exécution à l'avenir incertain, la France

est pour eux l'utopie, la consolation,
l'encouragement; elle leur est la preuve
vivante d'un accomplissement possible de
ce qu'ils croient être le bien : elle est leur
rêve en acte !

Et sans doute il est évident qu'ils idéa-
lisent un peu, et beaucoup même, le lieu
de leur utopie. Ils effacent les ombres
laides au tableau de la France actuelle.
Bien entendu! Aussi le petit jeu de débi-
nage national auquel se plaît trop souvent
notre dilettantisme les étonne et les cho-
que; ils nous regardent alors comme des
enfants gâtés et blasés qui ne savent plus
se contenter et qui font trop les renchéris
parce que leur part est trop belle. Mais
surtout, quand la France leur paraît dé-
choir de sa grandeur idéale et violer sa
légende par quelque acte contraire à l'esprit libre et généreux qu'elle représente,
ils en sont attristés comme d'une offense
à leur rêve !

Aussi les a-t-on vus se déclarer nettement hostiles à l'alliance franco-russe qu'ils considèrent, à tort ou à raison, comme une humiliation de la France.

L'alliance franco-russe n'a pas eu en Russie comme en France un caractère populaire et national. Soloviev me racontait à ce sujet une anecdote significative. « Au moment des fêtes de Cronstadt, me disait-il, j'étais à Pétersbourg et je passais un soir en traîneau devant l'ambassade française illuminée… Qu'y a-t-il donc, demandai-je à mon isvochtchik, pour me rendre compte de ses sentiments francophiles? — Oh! me répondit-il, je crois qu'on reçoit des étrangers. — Quels étrangers? — Je ne sais pas; des Anglais, je crois! »

Le peuple russe est resté indifférent à cette alliance. Elle s'est faite entre le peuple français et le gouvernement russe. Et c'est pour cela qu'elle déplaît à ceux dont je parle, qui s'acharnent à identifier la France avec leur idéal et leur gouvernement avec la négation même de cet idéal. L'alliance franco-russe leur apparaît comme une mainmise de ce gouvernement qu'ils exècrent sur la plus haute réalisation de leur rêve.

On peut noter, d'ailleurs, que l'opinion du monde officiel sur la France est de nature à confirmer les appréhensions du « monde de l'intelligence »... Je me souviens d'un déjeuner curieux chez un général pétersbourgeois très en vue à la cour, très au courant des idées qu'on y exprime. Il me rapportait ces propos indulgents que lui tenait un jour, à la chasse, l'empereur Guillaume : « Oui, disait le Kaiser, il convient que la France vive, parce que c'est d'elle que vient la civilisation. »... Avec votre permission, Sire !... Mais lui, l'aristocrate russe, le théocrate, il faisait bien quelques réserves sur la *kultur* française, qui l'inquiétait un peu : « Oui sans doute, oui sans doute, commentait-il; seulement, il faut que la France soit raisonnable, vous comprenez... C'est à cette condition qu'elle conservera le bénéfice de notre alliance. »

Il ajoutait aussi, avec netteté, — ce n'étaient pas des paroles en l'air — : « Il faut surtout que les Français renoncent à toujours parler de revanche. Que voulez-vous ? ils ont perdu; il faut être bon joueur. En tous cas, nous ne voulons pas nous fâcher pour eux avec l'Allemagne!... » Et je pensais à vous, bonnes gens de mon pays, qui, dans votre touchante naïveté, portez des fleurs et des couronnes de souvenir à la statue de Strasbourg les jours où vous mêlez dans vos pavoisements de fête les trois couleurs russes aux trois couleurs françaises!...

Non, je ne suis pas sûr qu'ils se trom-

pent, les intellectuels de là-bas, quand ils
trouvent humiliantes pour nous les conditions auxquelles on veut bien nous accorder cette alliance...

XI

(La neige.)

Il neige sans fin. Toute la journée, les
flocons sont tombés, plus ou moins denses suivant l'heure, tantôt en masse com-
pacte et tassée, tantôt légers, impondé-
rables comme un fin duvet avec lequel le
vent joue. Les passants, sous leurs fourrures lourdes, ont l'air, avec leur grande
barbe neigeuse, de « bonshommes Noël »,
et les belles dames, car il doit y en avoir
dans le nombre, sont si bien empaquetées
dans leurs manteaux ouatés et leurs capu-
chons qu'elles sont belles vraiment en
pure perte !

Je me blottis de mon mieux dans le traîneau qui m'emporte... je ne sais où, car,
depuis une heure, nous collaborons, mon
isvochtchik et moi, à la recherche infruc-
tueuse d'un *pereoulok* (1) introuvable.
Mon isvochtchik est énorme : appréciable
qualité, car il me sert de coupe-neige et
me protège contre le vent. Il est colossal
sous l'accumulation des vêtements épais
qu'une fine ceinture rouge essaye vainement de serrer à la taille. En vérité, si la
chaleur dilate les corps, le froid aussi !

Vers le soir, la neige cesse. Mais le ciel
reste couvert. A l'horizon seulement, le soleil couchant trace une ligne rougeâtre et
violacée, avec des reflets bleus et verts
qui se décolorent et s'embrouillent dans la
gouache des nuées lourdes.

Les becs de gaz et les lampes électriques
s'allument, mais ils ne projettent qu'une

____

(1) Petite rue.

lumière courte et sans force dans l'atmosphère cotonneuse. La silhouette du Kremlin se dessine en brun sur le ciel assom-
bri. Les chapelles d'or où sont les icones
flambent au coin des rues et leur lumière
embrase la brume environnante ; des moujiks en prière s'attardent sous les portails
aux colonnes sculptées, à l'abri du toit ba-
roque. Sur la chaussée, les traîneaux se
croisent et s'emmêlent, s'évitent, se repoussent de la main quand ils vont se rencontrer. Mais la ville reste silencieuse. On
entend seulement la neige grincer, et le
cri d'avertissement des isvochtchiks, qui
ressemble à celui des gondoliers de Venise, se perd sans écho dans l'air épais où
voltigent encore de petits flocons épars de
neige folle.

XII

(*Tolstoï*.)

Ce soir, Tolstoï était beau d'orgueil et de force ardente.

En entrant chez lui, je l'aperçois au milieu de son escalier ; ses deux mains passées dans sa ceinture de cuir, il se tient droit, la tête haute ; ses yeux brillent ; sa voix est nette, pleine de vaillance et d'entrain.

« Bonsoir. Mais je ne pourrai pas vous donner toute ma soirée. Il faut que je sorte : de graves affaires… Je vous raconterai cela. Si vous voulez, nous allons sortir ensemble. »

Il endosse, par-dessus sa blouse ouverte sur la poitrine, un petit manteau à peine ouaté, se coiffe d'une petite toque de drap, — et moi j'ai honte de mes fourrures, de mon baschlik, et de toutes mes précautions... Et nous voilà dehors, sous la belle nuit glacée. Il me prend le bras ; quand mon pied glisse, il me soutient.

« Vous connaissez cette secte du Caucase qui refuse de tuer et de porter les armes. Ces gens-là veulent mettre leur vie en accord avec leurs principes. Ces principes sont justes et conformes à l'idée chrétienne. Le Christ a dit : *Tu ne tueras point*. Le patriotisme est un prétexte qu'on donne à la rage d'assassiner, c'est le meurtre organisé, et chose horrible ! non seulement excusé, mais glorifié. Il est évident et clair qu'il ne faut pas tuer ; il n'y a pas d'arguments sophistiques qui puissent obscurcir cette évidence. Du moment qu'on a posé cette vérité, on doit avoir le courage d'en tirer les conséquences logiques et de les accepter. C'est ce que font les Doukhobors. D'ailleurs, on peut bien s'acharner contre eux : ils expriment une idée vraie, qui fera son chemin, malgré tout ! »

Il me raconte toute l'histoire, avec la fougue et l'ardeur d'un jeune homme.

« On les persécute parce qu'ils veulent conformer leur vie à leurs principes ! »

J'entendrai toujours sa voix grave et ferme, et son pas sec qui retentit sous la belle nuit glacée d'étoiles...

XIII

(Souvenir de Venise.)

Me voilà seul, maintenant, et mon traîneau m'emporte à toute vitesse à travers les rues et les ruelles. Il gèle, ce soir, à plus de trente degrés. De place en place, des feux de bois sont allumés dans la neige. Cela rougeoie et fume. Les pas-

sants s'arrêtent pour se chauffer un instant à la belle flamme claire et frémissante.
Il y a même de pauvres gens qu'on dirait
installés là pour la nuit : ils sont assis sur
une bûche et tisonnent mélancoliquement,
avec l'illusion, sans doute, d'un vrai
foyer.

Groupes sinistres ! Des lueurs vives
éclairent leurs visages, agitent derrière
eux de longues ombres folles. Eux, restent
immobiles, contemplatifs, las... Je me suis
approché d'eux, j'ai vu leurs yeux : des
yeux qui n'ont jamais espéré ! Là est le
secret de toute leur âme. Leur acceptation, sans révolte, de la vie, cette sorte de
résignation mystique, de fatalisme indifférent, leur vient d'être des êtres qui n'ont
jamais espéré. La bonne chaleur du bois
qui flambe dans la neige n'éveille pas en
eux d'autres convoitises. Ils s'y chauffent
en passant et puis reprennent sans regret,
comme ils sont venus sans désir, la route

morne, la route désolée de ceux qui vivent comme des morts !...

Sur la terrasse du Kremlin, j'abandonne mon isvochtchik pour jouir longuement de la beauté du ciel. Un ciel d'une admirable pureté où ne traîne pas une nuée... Je me souviens d'avoir vu palpiter ainsi les étoiles en Italie, dans les belles nuits d'automne chaudes et douces, et je retrouve ici, dans cette nuit d'hiver glaciale, la même tranquillité de l'air, le même calme délicieux, qui semble éternel et infini. Les lumières de la ville basse scintillent comme, à Venise, du quai des Schiavoni, celles du Grand Canal et des Iles. Un traîneau vient, silencieusement, avec un frémissement de neige froissée ; il approche, il recule, avec de jolies sinuosités et des courbes faciles, comme les gondoles de Venise. Et puis il s'éloigne, et le gamin qui le conduit, assis de côté sur son siège étroit, chantonne un air plaintif et doux, une vague mélopée monotone, en regardant luire les étoiles dans les profondeurs immaculées du ciel pur.

XIV

(La peinture russe.)

Il y a une peinture russe. Il y a même une esthétique russe.

C'est ce dont on ne se douterait guère en parcourant les petites expositions que donne parfois à Paris une société de peintres russes. Les peintres russes qui viennent étudier à Paris parce qu'ils ont la superstition de l'art occidental, dociles élèves de notre École des Beaux-Arts, réussissent plus ou moins habilement à pasticher nos maîtres nationaux. C'est de peu d'intérêt. Ou bien leur tempérament propre s'accommode mal de notre discipline française, ou bien ils n'ont pas du tout de tempérament propre. Ceux qui réussissent le mieux dans cette entreprise sont sans doute les moins bien doués. Il est possible que l'enseignement français perfectionne le talent des artistes russes, les rende plus habiles, plus roués peut-être dans le métier. Mais principalement l'influence de l'Art français sur l'Art russe est déplorable comme le fut sur l'Art français, sur l'Art flamand, sur l'Art allemand l'influence de la Renaissance italienne. A vouloir s'assimiler une esthétique étrangère, si splendides qu'aient été ses manifestations particulières, un art local ne peut que perdre son caractère, son originalité, toutes ses vertus propres, tout ce qui l'empêche de faire double emploi, tout ce qui constitue en lui l'unique, spéciale, irremplaçable expression d'une forme spontanée d'humanité.

Mais c'est à Moscou qu'il faut voir la vraie peinture russe. Les frères Paul et

Serge Trétiakoff ont fait don à la ville d'une admirable collection de tableaux que des acquisitions nouvelles enrichissent tous les ans. Le catalogue contient plus de deux mille numéros de toiles et de cartons de l'école russe. Les écoles étrangères ne sont représentées dans cette galerie que par une centaine d'œuvres, peu importantes d'ailleurs : on y trouve pourtant des Corot, des Decamps, des Troyon, des Rousseau, des Menzel, des Daubigny, mais non les meilleurs. Et, du reste, il importe peu : l'intérêt du musée Trétiakoff n'est pas là.

Nulle part ailleurs en Russie, même à Pétersbourg au musée Alexandre III, on ne trouve un pareil rassemblement des chefs-d'œuvre nationaux. On pourrait, en étudiant avec soin cette collection, se faire une idée exacte et à peu près complète de la peinture russe contemporaine. Il faudrait tenir compte, évi-

demment, dans cette appréciation, du
goût particulier des donateurs. Bien
entendu, un certain genre de peinture
les intéresse spécialement; ils ne peuvent faire abstraction de leurs préfé-
rences dans leurs acquisitions annuelles.
Il est manifeste qu'ils ne sont pas de
simples amateurs d'art, des dilettantes
éclectiques. S'ils ont donné leur collection
à la ville de Moscou pour qu'elle soit
transformée en un musée public, c'est
qu'ils avaient l'intention formelle de travailler par ce moyen à l'éducation sociale
et populaire de leur pays, et, dans ce
but, ils ont dû choisir avec discernement
les tableaux qu'ils jugeaient bon d'expo-
ser, ceux auxquels ils reconnaissaient
une particulière puissance éducative.

Mais il se trouve que les œuvres mêmes
qui convenaient le mieux à cette destination spéciale sont précisément les
vraies œuvres russes : le goût des frères

9

Trétiakoff et le rôle social qu'ils veulent faire jouer à l'Art sont exactement conformes aux idées des vrais artistes russes. Feuilletez seulement l'album que vient de publier à Moscou M. Fischer et qui contient les reproductions des meilleurs tableaux russes de ces vingt-cinq dernières années, vous vous apercevrez que les peintres qui ne sont pas représentés à la Galerie Trétiakoff ont profondément subi l'influence de nos écoles occidentales et ne sont, en somme, pour la plupart, que des élèves peu exceptionnels des maîtres français, anglais ou allemands.

*
* *

La tristesse, la plus uniforme et la plus morne tristesse, voilà l'impression qui tout d'abord nous frappe et nous émeut, lorsque, pour la première fois, nous faisons le tour de la galerie mos-

covite. Nos yeux, habitués aux exposi-
tiens parisiennes, à notre Louvre, à notre
Luxembourg, ne retrouvent rien ici qui
puisse les divertir et les amuser par le
seul charme des couleurs, par la fantaisie de la composition, par l'ingéniosité du
sentiment. Cette peinture ne se recommande ni par l'agrément ni par l'esprit.

Pas de nudités, pas de gaudrioles : rien
qui rappelle, même de loin, l'œuvre de
M. Bouguereau ni celle de M. Vibert.
Nos yeux, étonnés d'abord, se consolent
pourtant, et nous éprouvons bientôt de
l'estime pour cet art austère et sérieux
qui s'adresse avant tout à notre intelligence, à nos facultés sans doute les
plus nobles, et ne fait aucune concession à nos goûts et à nos instincts
moins relevés. Ces artistes ont su donner
à leur talent une destination plus haute
que tel artiste en vogue chez nous. Leur
intention n'est pas de divertir le public,

de secouer en lui, sous prétexte d'art, des concupiscences quelconques. La beauté qui les inspire est grave et chargée de sombre pensée.

*
* *

Il est fâcheux que les deux peintres russes que l'on connaît le mieux en France soient Vereschaguine et Waznetsoff. Ils sont très loin l'un et l'autre d'être les plus remarquables représentants de l'art russe.

Vereschaguine a suivi les armées à la guerre pour trouver des sujets de tableaux. Il raconte même dans ses mémoires qu'il a prié Skobeleff un jour de le faire assister à une pendaison. Voilà, poussé, je crois, à l'extrême, l'amour du document authentique. Il a rapporté de ses expéditions artistico-militaires un très grand nombre d'études dont il a fait

un très grand nombre de tableaux,
des scènes de tueries, des batailles somptueuses, des mêlées meurtrières. Or, à
présent, il est devenu l'apôtre de la paix.
Une pyramide de crânes sur laquelle les
corbeaux tournoient est intitulée ingé-
nieusement par lui l'*Apothéose de la
Guerre*. Libre à vous de penser que
jadis, quand il était le peintre des
combats et des belliqueux enthousias-
mes, c'était déjà pour inspirer l'horreur du sang versé... Tout cela ne donne
pas une évidente impression de sincérité.

Le symbolisme, d'ailleurs facile, de l'*A-
pothéose de la Guerre* est très rare chez
Vereschaguine. Il n'a pas souvent de
telles envolées. Il peint ce qu'il voit. Il
le peint avec une conscience scrupuleuse
et presque puérile. Il excelle dans le
trompe-l'œil, c'est son genre favori. S'il
avait été sculpteur, il aurait travaillé pour
le musée Grévin.

Il a fait des intérieurs de mosquées d'une exactitude surprenante. Tout est bien à sa place et pas un détail ne manque. Les mosaïques sont reproduites si bien, si bien, qu'on dirait de vraies mosaïques : on en compterait les pierres! Oui, c'est l'idée de ce difficile calcul que suscite cette œuvre accomplie, plutôt qu'un sentiment esthétique... Je me rapelle encore un mur de Vereschaguine, un simple mur à revêtement de plâtre, très blanc, très neuf, où des doigts sales pourtant se sont marqués. On dirait un vrai mur! Les petits garçons de France seraient tentés d'y inscrire un vilain mot... Devant ses charges de cavalerie on se sent pris de paniques; seulement il faudrait ajouter à cet art, pour qu'il fût parfait, celui de la cinématographie. Tels quels, avec tant de relief dans leur immobilité, ses chevaux semblent des chevaux de bois... Dans les portes de ses palais, on est tenté de s'engouffrer : un gardien du musée est heureusement là pour empêcher des accidents; ainsi l'on voit, devant les glaces d'un restaurant luxueux, un consommateur parfois faire des politesses à sa propre image.

Mais cet art perdra presque toute sa valeur quand la photographie des couleurs aura donné tout ce qu'elle promet.

Très différent de ce puéril et méticuleux réaliste est Victor Mikhailovitch Waznetsoff, idéaliste lui, peintre d'archanges aux yeux démesurés, aux ailes somptueuses, de madones trop précieuses, de chérubins trop compliqués. Une salle entière de la galerie Trétiakoff est consacrée à ses cartons pour la cathédrale de Kiew. On y voit, par exemple, un *Jugement dernier* suivant l'Apocalypse de Jean, où le procédé vraiment est par trop visible.

Waznetsoff se travaille pour être le

Puvis de Chavannes ou le Burne-Jones de
la Russie. Il eut l'idée d'imiter les primitifs byzantins, comme les maîtres occidentaux voulurent reprendre la tradition
des primitifs italiens. Il devint une sorte
de préraphaélite pour pays slaves.

Mais le préraphaélisme occidental avait
sa raison d'être, tandis que le pseudo-
byzantinisme de Waznetsoff ne l'a pas.
Le préraphaélisme s'est manifesté comme
une réaction nécessaire contre le xvi⁰ siècle
italien. Et, le xvi⁰ siècle italien, dont tout
notre art subissait l'influence tradition-
nelle, ayant créé finalement un poncif,
la rupture avec cette convention, le retour à de plus francs et sincères artistes
s'imposait comme un retour à la nature
elle-même. Rossetti, Madox Brown,
Burne-Jones n'ont pas seulement imité
les Italiens du xiv⁰ et du xv⁰ siècles, ils ont
surtout reçu d'eux cet enseignement pro-
fitable : la nécessité pour l'artiste d'une

observation directe et ingénue de ce qui est. Or, aucune de ces conditions particulières dans lesquelles se trouvait l'art occidental, avant l'utile manifestation des préraphaélites anglais, ne justifie le byzantinisme de Waznetsoff. Waznetsoff réagit au contraire contre l'art le plus franc, le plus spontané, le plus vrai, car toutes ces qualités sont précisément celles de l'art russe contemporain. Peut-être alors pourrait-on dire, pour défendre Waznetsoff, qu'il revendique les droits de l'idéalisme contre le réalisme de ses compatriotes. Ce serait mal connaître le genre spécial de réalisme des Répine et des Iarochenko; ce serait surtout se faire illusion sur l'idéalisme de Waznetsoff. En réalité, c'est le snobisme des choses d'Occident qui seul inspire ce peintre prétentieux. Cette tendance doit être remarquée, car elle est dangereuse. Dans toutes les branches de l'art, en ef-

fet, les Russes ont depuis quelque temps
un désir fâcheux d'imiter l'Angleterre,
l'Allemagne, la France surtout; ils courent le risque de sacrifier leurs qualités
singulières, leur tempérament national
à d'inutiles et médiocres pastiches des
dernières nouveautés d'Occident. Cela se
voit dans la poésie, dans le roman, **dans
le théâtre, dans la critique.** En peinture,
Waznetsoff représente éminemment ce
goût déplorable contre lequel essayent
de réagir les vrais Russes, tel que Tolstoï, et le *Qu'est-ce que l'Art?* ne doit
être considéré que comme une protestation de l'esthétique russe contre l'enva-
hissement de l'esthétique étrangère. On ne
peut comprendre cette œuvre, si l'on n'en
voit le caractère profondément national.
C'est pour cela, c'est faute de connaître
l'Art russe auquel elle correspond, qu'on l'a
généralement mal comprise en France.

Le pseudo-byzantinisme de Waznetsoff

est d'autant plus médiocre que des maîtres
byzantins il n'a su prendre que les plus
artificiels procédés, les manies presque.
Et si leur art, très formaliste, ne semble
pas être, en lui-même, d'une inspiration
très profonde ni féconde, que devient-il,
ainsi compris? En tous cas, si l'art byzan-
tin a pu jadis correspondre à l'état social
d'une certaine époque, il ne convient nullement aux aspirations actuelles de l'âme
russe, même si l'orthodoxie impériale s'efforce de le maintenir contre les idées
nouvelles. Et c'est pour cela que Tolstoï
le réprouve.

L'art russe n'est ni mystique à la manière de Waznetsoff, ni réaliste à la manière de Vereschaguine. Il est réaliste,
essentiellement réaliste, mais, en même
temps, toujours soucieux d'exprimer des
idées. Ces idées lui sont fournies par le
spectacle même de la réalité et c'est par la
peinture de la réalité, non par des allégo-

ries, qu'il les exprime. Leurs idées, leurs doctrines, leur philosophie même (tous ces mots sont vrais à propos de la peinture russe) leur viennent d'avoir vu la vie telle ou telle. Ils représentent à leur tour la vie telle qu'elle leur est apparue afin de susciter chez les spectateurs, par les mêmes constatations, les mêmes convictions. Ils peignent la réalité pleine de pensée. Voilà l'essentiel de leur esthétique.

Cette tendance se manifeste déjà dans les tableaux de genre d'un peintre très célèbre en Russie, Wladimir Makovsky. Ce sont de petites scènes de la vie journalière. Au premier abord, cela ressemble à la peinture anglaise de la première moitié de ce siècle, qu'on voit à Londres au musée Kensington. Mais, au lieu de l'esprit et de l'humour qui égayent les tableaux des Leslie, des Wilkie, des Mulready, c'est un sentiment d'amère et douloureuse mélancolie que nous trouvons toujours chez Makovsky. Il ne se contente pas d'une observation juste ou piquante, mais dans chacune de ses œuvres, même les plus petites, on sent une arrière-pensée.

Qu'il représente *la Salle d'attente d'un médecin,* ou bien *la Distribution des pensions* dans un ministère, ou bien *une Friperie de Moscou, la Faillite d'une maison de banque* ou *l'Antichambre d'un juge de paix,* c'est toujours la tristesse de la vie qu'il exprime, — tristesse désolante, infiniment complexe dans ses causes, qu'elle vienne de la misère, de la maladie ou du vice, ou qu'elle soit inspirée seulement par la constatation de l'universelle médiocrité des petites ambitions, des vaines agitations ou des joies vulgaires. Ces deux bonnes gens, mari et femme, vieillis ensemble, et qui jouent « à quatre mains » des airs démodés sur le piano de leur jeunesse, lui rasé soigneu-

sement, elle encore coquette avec son bonnet à rubans et son châle de l'Inde, c'est
du bonheur pourtant, — oh! le triste
bonheur médiocre et quelle mélancolie
dans ce morne intérieur bourgeois, étriqué! Mais les Petits-Russiens misérables,
les mendiants aveugles, les joueurs d'ac-
cordéon sur un banc de boulevard, au froid
sombre d'automne, — troupe lamentable
et désolante!... Une grande dame est en
visite de charité, très élégante et suivie
d'un valet de pied très galonné, très rem-
bourré, — tant de luxe dans le logis des
pauvres, et l'humiliation, l'avilissement de
ceux-ci!... Parfois même, les sujets de
Makovsky sont plus dramatiques encore.
Ainsi cette figure de *l'Acquittée,* au sortir
de la Cour d'assises, étreignant son enfant retrouvé, pauvre visage d'angoisse et
de souffrance qu'éclaire dans la fièvre
douloureuse un rayonnement de joie ines-
pérée. Ainsi surtout ce tableau du

Condamné dont j'ai sous les yeux la reproduction (1). Le malheureux sort du tribunal, en partance sans doute pour la
« maison des morts », escorté des soldats
de police, sabre au clair; et sur son passage, il rencontre sa mère et son père,
pauvres vieilles gens lamentables que des
soldats repoussent. Et lui, les regarde,
comme de très loin...

Il y a des pauvretés dans le dessin de
Makovsky : le petit garçon de *l'Acquittée*,
par exemple, est une fâcheuse poupée en
bois; presque toujours, les accessoires
sont bâclés. Mais la composition, très simple et naturelle, l'arrangement des personnages, l'expression des physionomies,
la vérité sincère et la franchise de cet art,
touchent, émeuvent, donnent l'impression
du contact même de la vie, dans son horreur quotidienne.

(1) Il ne fait pas partie de la galerie Trétiakoff; son
possesseur actuel est M. Stassof, de Pétersbourg.

*
* *

Il serait facile de citer, parmi les peintres russes contemporains, un grand nombre d'artistes analogues à Makovsky : des peintres de genre qui, par l'intensité de leur réalisme et par la tristesse même des scènes qu'ils représentent, donnent à leur art une véritable portée sociale. Prianichnikoff, Maksimoff, Orloff, avec beaucoup de vigueur et d'énergie, peignent la triste, monotone et désolante existence des paysans, leur pauvre lente vie dans les cabanes étroites où la famille pullule; ici des agonies, dans les coins d'ombre, sous les images saintes; ici des cris, des révoltes forcenées; plus souvent, la longue patience désespérée de ceux que nul bonheur n'a réjoui. Pauvres êtres astreints à l'incessant travail qui donne à peine le pain, jamais la joie!... Imaginez, dans une hutte désolée, sorte d'étable plutôt où des êtres humains sont entassés, l'arrivée du percepteur d'impôts. C'est à ce spectacle que nous fait assister un tableau d'Orloff, — et pour en bien comprendre l'horreur, il faut savoir le poids des impôts qui accablent le paysan russe. Quand, en 1861, le gouvernement a aboli le servage, il a dû racheter aux seigneurs leurs terres et leurs hommes : il a contracté ainsi une dette considérable, et maintenant, pour l'amortir, il réclame aux paysans libérés le prix que lui a coûté leur libération. Aussi les impôts sont-ils effrayants : ils absorbent la presque totalité des revenus de la terre. Hélas! c'est par cet accroissement de misère que se manifeste au pauvre peuple de la campagne russe le bienfait de la liberté. Qui sait si les vieux, ceux qui par hasard avaient un maître un peu humain, ne se souviennent pas avec regret du temps du servage?...

Un admirable tableau de Miassoïédoff représente, au fond d'un bois, un groupe de paysans, accroupis : l'un d'eux leur lit l'édit de délivrance, charte de la liberté qui leur a rendu leur dignité d'hommes. Ils écoutent. Une sorte de rêve obscur semble germer sous leurs fronts. Comprennent-ils? Et, tandis qu'à travers les broussailles une lueur apparaît, un sentiment éveille-t-il leurs pauvres âmes endormies, écrasées de labeur, et longuement, héréditairement accoutumées au servage? Non, l'édit de délivrance n'a pas ressuscité la conscience morale du paysan russe, abruti par l'esclavage séculaire. Elle l'a laissé dans sa morne torpeur patiente de bête soumise. Ah! que faudra-t-il donc pour le secouer, pour faire naître en lui l'humanité consciente d'elle-même?

Voilà le drame profond, la poignante histoire d'âme que révèle Miassoïédoff. Et comme ce drame, et comme cette histoire

est l'essentielle angoisse de la Russie contemporaine, le peintre qui s'inspire de
telles idées peut intéresser à son œuvre
tout un peuple; son art n'est plus seulement un plaisir pour les délicats, mais il
est largement et profondément national et
populaire.

*
* *

C'est l'honneur des artistes russes : ils
ont eu l'intelligence la plus nette de l'état
social de leur pays, et dans cet état social
qu'ils envisageaient avec clairvoyance,
ils se sont assigné un rôle à jouer,
une fonction à remplir, en vue du mieux.
Chose admirable, ils ne se sont pas tenus
à l'écart du peuple dont tant de circonstances pourtant pouvaient les séparer. In-
culte et fruste, le peuple russe était si loin
de l'art, que l'art pouvait avoir une excuse
à faire abstraction de ce public inabor-
dable. Ainsi fit l'art occidental, l'art fran-

çais par exemple, vraiment coupable dans son aristocratique dédain, car la distance qui le séparait du peuple n'était pas si grande qu'il ne la pût aisément franchir. Au lieu de s'approcher du peuple, il parut en craindre le contact; comme jaloux de maintenir les distances, il s'écarta, il s'enferma dans l'asile sûr de ses subtils raffinements; il se fit ésotérique et triompha de n'être plus intelligible qu'à des cénacles...

Ah! de quelle généreuse et large charité est donc animé cet art russe! Poètes et romanciers se sont inspirés de la souffrance populaire. Dans leur pitié, ils ont fondé la « religion du moujik ». Ils ont plaint de toute leur âme miséricordieuse les pauvres êtres ignorants pour qui le bonheur ne semble pas fait; ils en ont chanté les douleurs d'un tel accent d'ardente sympathie, qu'une révolte en paraissait suscitée. Plus d'une fois, le Gouvernement s'inquiéta; les Plesh-

teïeff, les Poléjaïeff, les Dostoïevsky payè-
rent de leur liberté leur passionné désir
du bien populaire, — l'histoire des lettres
russes est un martyrologe! Les critiques,
au lieu d'apparaître, comme chez nous,
des délicats entre les délicats, attentifs
aux techniques savantes, soucieux de
parfaite esthétique, furent plutôt, en Russie, des écrivains politiques. C'est essentiellement au point de vue de leur valeur
sociale qu'ils jugèrent les œuvres de leurs
contemporains : Pouchkine même, un peu
trop exclusivement artiste, les inquiète…

Ces tendances si caractéristiques se
sont développées en même temps que
l'art russe trouvait son plein épanouissement, c'est-à-dire dans les années qui
suivirent l'édit d'abolition du servage.
Il y eut avant cela de grands écrivains
russes, mais plus ou moins influencés
par les écrivains occidentaux; Pouchkine, malgré son originalité, doit beau-

coup à Byron : il est un romantique, bien
que, dans la Russie d'alors, rien n'appe-
lât le romantisme. Le véritable art russe
date de l'abolition du servage. C'est à
partir d'alors que l'âme russe a réelle-
ment pris conscience d'elle-même; c'est
dans ces quarante dernières années qu'une
peinture a été créée, indépendante des
esthétiques étrangères et vraiment nationale. Autant que la poésie, que le roman,
elle a su rester populaire, étant née, en
somme, de la grande secousse que pro-
duisit dans la conscience nationale l'éveil
du peuple. Fidèle à son admirable origine
populaire, l'art russe continue l'œuvre
sociale de relèvement et de libération
commencée par l'édit de 1861.

*
* *

Pitié pour la souffrance humaine, pour
la pauvre chair geignante sous les durs
labeurs !

La *Troïka d'enfants* de Péroff laisse ,un insupportable souvenir de douleur physique. Les trois petits sont attelés au traîneau lourd et tirent sur les sangles; les étroites poitrines ahanent, les traits des visages sont contractés, les reins défaillent, les muscles crient.

Le *Chauffeur* d'Iarochenko donne une impression d'épouvante. Il est là, dans la cave sans air, éclairé seulement par le foyer qui le brûle, le rôtit. La tête est abrutie, le corps est rabougri; seuls se sont développés, longs et bossués de muscles, les bràs, seuls membres agissant dans l'entretien acharné du fourneau, les bras qui jettent le charbon et, armés de la pique de fer, fourgonnent dans le brasier. Cet être humain est devenu des bras de fer au service d'une chaufferie. Tout son corps s'est déformé, pour s'adapter à cette destination spéciale. Lui, que les autres hommes n'avaient pas le droit d'employer comme un moyen, mais devaient considérer, en soi, comme une fin !

Telle aussi *l'Ouvrière des mines* de Kassatkine, robuste créature dont la vigueur est exploitée comme le travail d'une machine, et dont le corps, astreint aux rudes besognes, n'a pu s'épanouir en beauté. Ses yeux s'ouvrent avec peine à la lumière du jour, déshabitués du soleil ; et sur ses grosses lèvres charnues s'esquisse un étrange sourire qu'on dirait narquois, qu'on dirait amer, que sais-je ? et qui plutôt est sans pensée comme le pli des gueules bestiales. Ah ! qui donc a tué le rêve dans ces têtes humaines ?...

Et voici, à l'ouverture du puits, toute la troupe sinistre des mineurs. C'est un autre tableau de Kassatkine. A l'heure de la relève, une escouade attend qu'on l'enfourne. L'autre remonte. Ils défilent, noirs démons, fantômes sombres, la lampe d'une main, la hache de l'autre. On dirait qu'ils sortent de terre pour une âpre besogne de carnage; leurs prunelles blanches dans les visages charbonnés ont de farouches regards. Ils avancent avec lenteur et majesté, porteurs de haches, comme des justiciers...

Il serait facile de multiplier les citations de tels tableaux. Les artistes s'acharnent à la peinture des souffrances du peuple.

Peut-être sera-t-on tenté, si l'on n'est averti, de confondre ces œuvres avec telles œuvres analogues de nos peintres d'Occident. Et certes on a peint aussi chez nous des ouvriers au travail et leurs dures fatigues. La *Relève des mineurs* de Kassatkine peut rappeler *la Forge* de Menzel, par exemple. Mais n'est-ce pas surtout un singulier éclairage d'êtres et de choses qui dans la forge tenta Menzel et qu'il a reproduit? Et lui, Kassatkine, ce qu'il a peint, c'est l'horreur de l'exploitation humaine, c'est l'asservissement des êtres à des besognes! Le réalisme, en France principalement, qu'a-t-il été? Le recours des artistes las, en quête de sujets nouveaux. Quand on eut épuisé les trésors de l'imagination romantique (cela s'est vite fait), on en vint à l'observation, — et tout d'abord on « observa » la vie heureuse, le « monde », — et, le monde étant épuisé, les attrayantes peintures finies, il fallut chercher autre chose, et, du même pinceau dont on aurait peint les salons luxueux, les boudoirs et les joies d'ici-bas, on peignit la lugubre existence des misérables. Fantaisie d'artistes! Une esthétique sanctionna cette innovation et déclara que la hideur même a sa beauté.

Tel n'est pas le réalisme des Péroff, des Iarochenko, des Kassatkine. D'où vient-il? D'une immense pitié compatissante.

Que veut-il? Ah! non seulement dégager de la hideur une inédite beauté, mais répandre le sentiment essentiel d'où cet art est sorti, promulguer de la pitié, soulever peut-être dans les cœurs une généreuse révolte. Et, quant aux moyens employés, nul art n'est plus honnête; il n'a pas recours à de faciles procédés oratoires, il peint la réalité même dans sa naïve éloquence.

Sans doute, les délicats, amis des nuances et des subtiles raretés, trouveront violentes et brutales de telles œuvres... Les délicats, les raffinés oublient trop aisément que toute la revendication sociale s'appuie sur quelques constatations très simples, dont celle-ci est l'essentielle : il y a des êtres qui sont *employés* par d'autres en vue du bonheur de ces autres-là, transformés en machines, asservis par ces autres-là. Ils sont des êtres moraux et sensibles dont on sacrifie la moralité, dont on nie la sensibilité. Ils sont de la vie qui veut vivre et qu'on tue. Il faut que cette pensée devienne insupportable à l'humanité. C'est ce que n'a pu faire l'édit de 1861, non plus que nul décret de nul souverain, ni de nulle assemblée. C'est ce que feront les hommes de bonne volonté ; leur devoir, dans cette œuvre, est en proportion de leur talent, c'est à cela qu'ils s'emploieront. Voilà ce qu'ont pensé les artistes russes, dont l'inspiration est, avant tout, sociale.

*
* *

Les peintres se sont faits ainsi les auxiliaires des poètes et des romanciers, des professeurs, des étudiants, de tout ce « monde de l'intelligence », animé de l'amour du peuple et qui va vers le peuple dans un esprit de justice et de charité ! Zèle généreux et dangereux ! C'est presque affronter le martyre que d'entrer dans la confrérie de ces bienfaiteurs du peuple. Mais rien ne décourage leur mâle et ferme volonté, ni l'indigence, ni la menace des prisons et des exils, ni l'inquiétant souvenir des disparus, lutteurs d'hier, vaincus dont on n'a plus entendu parler, dont il ne faut plus prononcer le nom !

Voici *l'Étudiant pauvre* de Prianishnikoff. Dès l'aube, dans la neige, sous le vent glacial, mal garanti par de misérables vêtements, il vient à la ville pour étudier. Pitoyable, un brave homme l'a pris par charité sur son chariot. Il s'est accroupi sur les planches du traîneau, ses livres près de lui... Dans l'immense solitude de neige, sous le ciel lourd de neige, une pensée passe, une ardente pensée qui réchauffera des âmes, qui suscitera des intelligences... Un remarquable tableau de Bogdanoff-Belsky, au musée Alexandre III de Pétersbourg, représente une *Conférence du dimanche*. Riche de science, lui, l'étudiant pauvre est allé vers de plus pauvres : il les a réunis dans une petite salle. Il tient à la main le livre. Il lit, il commente, il enseigne. Prêtre d'une pensée nouvelle, il exalte dans une intime communion ces âmes qui s'éprennent du désir de savoir.

Et puis, pour suivre dans son cours habituel la triste histoire, voici *l'Arrestation*, de Répine. Celui-là, la police l'a pris. Il a vingt ans. Il transportait dans une sacoche des imprimés défendus, ces petits ouvrages d'éducation populaire sans doute que composent les meilleurs écrivains russes, Tolstoï ou d'autres, dans un admirable élan de charité intellectuelle, et qui sont interdits parce qu'un gouvernement fort doit protéger, conserver avec soin l'indispensable ignorance des gouvernés. On n'imagine pas ce qu'il se dépense d'héroïsme et d'apostolique ferveur pour la diffusion de ces humbles livrets, évangiles des temps nouveaux... La police l'a pris! Tandis qu'on lui tient les bras et qu'on fouille dans ses papiers, il tressaille comme un lion qu'on enchaîne ; ses yeux flamboient et s'emplissent de sombre angoisse : désormais et pour toujours, il est réduit à l'impuissance, et du sentiment de sa force s'accroît sa rage.

Et puis, voici *le Prisonnier* d'Iarochenko. Dans la cellule étroite et sombre où il est enfermé, il tâche, en montant sur sa table de bois, d'apercevoir un peu, à travers le tout petit carreau qui l'éclaire, la lumière du dehors, la belle lumière vivifiante et douce qu'il a rêvé naguère de voir répandue à grands flots sur l'humanité tout entière et pour l'amour de laquelle, maintenant, il subit l'affreux supplice de la réclusion. Ah! la lumière, la lumière, fût-ce un seul rayon, fût-ce à travers les

barreaux de fer et les vitres sales d'une
cellule !...

Il y aurait encore bien des étapes à mar-
quer dans le chemin vers la *maison des
morts* que gravissent comme un calvaire
les apôtres des temps nouveaux, le long
martyre des bagnes, les travaux forcés, la
lente et systématique atrophie des intelligences, l'écrasement des cœurs, l'agonie
dans les forteresses de Sibérie...

Un jour, ils ont disparu. Les reverra-
t-on? Dans l'horrible souffrance, là-bas,
les uns meurent; ceux qui reviennent,
reviennent de chez les morts : la vie n'est
plus faite pour eux!... Je me rappelle,
comme une des œuvres les plus émouvantes
que je connaisse, *le Retour inattendu,*
de Répine. Après des années de Sibérie,
le révolutionnaire a repris le chemin de
la maison familiale; il y arrive comme un
intrus : la maison s'est déshabituée de
sa présence. La bonne ouvre la porte avec

effroi à celui qui vient des prisons ; une
petite sœur, née sans doute depuis l'arrestation, le regarde avec étonnement ; sa
mère se lève avec angoisse : dans sa stupeur, elle n'est pas sûre de le reconnaître.
Et lui, revient comme un chien battu, humilié, orgueilleux pourtant ; une folie est
dans ses yeux. Il ne se jette pas dans les
bras de sa mère : il a désappris la ten-
dresse et la douce joie d'être aimé. Il est
gauche ; il se sent un étranger dans la vie,
lui qui revient de chez les morts...

Le rêve qui les soutient, tous ceux-là,
dans leur lutte, dans leur martyre, c'est le
vieux rêve humanitaire qui de tout temps
a soulevé les apôtres contre les tyrannies.
Ce qu'ils veulent, c'est l'adoucissement de
la souffrance, c'est la pitié, c'est l'arrivée
enfin parmi les hommes du consolateur
évangélique. Ce qu'ils veulent, c'est la
ruine définitive des fictions sociales, des
mensonges, des sophismes traditionnels

qui réglementent et légitiment l'injustice, c'est l'acceptation par tous de la vérité.

Telles sont les idées qu'expriment les peintres russes contemporains, collaborateurs passionnés de l'œuvre sociale à laquelle travaillent aussi les poètes, les romanciers, les publicistes, tous ceux qui pensent et sentent peser sur leur pensée une insupportable oppression.

*
* *

Ainsi se trouve renouvelée la peinture de genre. L'originalité des artistes russes ne se manifeste pas moins dans la peinture religieuse.

Certes, ce genre est particulièrement exposé aux méfaits des Académies, à l'infamie des poncifs! Comment songer sans dégoût à des centaines d'artistes qui, dans l'Europe entière, depuis le xvi⁰ siècle italien, multiplient sans raison les Madones, les

Saintes Femmes au tombeau du Christ, les Saintes Cènes et les baisers de Judas? Ah! pourquoi? Une fervente piété les inspire-t-elle? Non, non, ce n'est pas cela. Que veulent-ils exprimer? Rien, rien, absolument rien! Ces sujets, consacrés par l'usage, les dispensent d'un grand effort d'invention; leur tranquille imagination se plaît à ces trouvailles de tout repos. Voilà.

La Russie n'a pas toujours échappé à ces médiocrités. Comme les autres pays d'Europe, hélas! elle envoya trop souvent ses peintres en Italie : ils apprirent à draper les étoffes sur les saintes épaules, ils surent les plis harmonieux et les angéliques expressions. Ainsi s'explique l'art de Brulloff (mort en 1852) et d'Ivanoff (mort en 1858) pour ne parler que des plus habiles. Brulloff décora les cathédrales de Kazan et d'Isaac à Pétersbourg; sa *Crucifixion* eut, en son temps, l'air d'un chef-d'œuvre : elle n'est pas inférieure à ce que faisaient, dans ce genre, les peintres d'Occident. Ivanoff est resté célèbre pour son *Ecce Agnus Dei* du Musée Roumian-tsoff, dont les esquisses et cartons sont conservés à la Galerie Trétiakoff. Et c'est de l'art académique, correct, effroyable.

Mais cette manière n'a guère survécu au grand renouvellement d'idées, à la féconde perturbation morale qui suivit l'acte d'abolition du servage. Des tendances toutes nouvelles se manifestent dès lors dans la peinture religieuse comme dans les autres ordres d'art.

Laissons de côté, bien entendu, le néo-mysticisme et le prétentieux symbolisme de Waznetsoff. A côté de lui, pourtant, il faudrait signaler avec plus de sympa-thie Nestéroff dont les défauts ne sont guère moins insupportables, mais qui parfois les rachète heureusement par un charme réel de coloris, une grâce élégante et fine. Le *Saint Serge adolescent* est une jolie chose ; l'atmosphère de la forêt, teintée de lumière verte, imprégnée de l'âme des végétations, l'entoure d'ineffable mystère... Nestéroff est un charmant paysagiste.

Les vrais peintres religieux de la Russie contemporaine sont les Kramskoï, les Polénoff, les Gué. Ceux-là ne se sont pas contentés de traiter les sujets traditionnels à la manière des académies et de prendre les personnages de l'Évangile comme mannequins pour des draperies d'étoffes bleues ou rouges. Ce qu'ils ont été chercher dans l'Évangile, c'est une inspiration morale. Le Christ n'a pas été pour eux le thème consacré, un prétexte facile à des beaux et nobles modelés. Mais, dans les épisodes divers de sa vie, ils ont étudié la plus haute expression d'une pensée intense à la recherche du bien et passionnée d'intime charité. Croient-ils à la divinité du Christ? Il n'importe. Pour eux, comme pour Tolstoï, le christianisme n'est pas une doctrine mystique, mais une doctrine sociale et morale. Quoi qu'on pense de la miraculeuse légende, le Christ a dit sur la Montagne des paroles définitives sur le sens de la vie et sur le devoir humain. Dans l'angoisse de son âme, il a cherché la vérité; dans la fureur des persécutions, il a voulu se dévouer à répandre la vérité.

Kramskoï le représente au désert, assis sur une roche, les mains jointes, les yeux pleins d'une rêverie que hante le sentiment de l'universelle douleur humaine; il envisage avec clairvoyance la vie et sa misère, il en sait l'amertume. Alors, une immense détresse s'est abattue sur lui... Au bord du lac de Génézareth, est-ce lui, pèlerin pensif, que nous montre Polénoff, appuyé sur son bâton de voyageur, loin de tous, seul avec sa méditation triste? Ah! ce n'est pas le doute qui le tourmente : il sait! Non, c'est d'une autre angoisse que lui vient sa mélancolie. La vérité, il la connaît; le salut, il en sait les voies. Mais comment convaincre les hommes, les persuader et les sauver? comment leur dire : « Le salut est en vous », de telle manière qu'ils le croient? Oui, comment leur communiquer la vérité sur la vie comme s'ils la découvraient eux-mêmes avec les seules forces de leur âme fervente, comme s'ils s'étaient élancés vers elle d'un mouvement spontané de leur être? Cette angoisse de tous les apôtres a suivi Jésus depuis l'enfance jusqu'à la nuit du Golgotha...

Le voici, puéril et doux, parmi les docteurs, illuminé de flamme intime. Polénoff a curieusement exprimé la suffisance, l'orgueil et le mépris sceptique des savants. Ils l'écoutent avec étonnement; mais, attachés à leur science hautaine, ils n'ouvrent pas, toute large pour l'accueil, leur âme à la doctrine nouvelle de foi et de vérité. Ils ont des oreilles et n'entendent pas, des yeux et ne voient pas. Et la flamme qui brille aux regards de Jésus ne communique pas son ardeur. Aussi, un pli d'amère tristesse se marque-t-il aux lèvres de celui qui sait et qui ne peut épancher dans les autres âmes la ferveur de son âme.

Ce drame intime, si poignant, cette douleur essentielle est exprimée avec une force singulière par un extraordinaire tableau de Gué, *le Christ avec Pilate*. A son apparition, en 1890, cette œuvre a soulevé le plus vif étonnement, presque de l'indignation dans les milieux bien pensants : on ne pouvait supporter que le peintre ait fait un Christ si laid, si mal peigné. La composition, très simple, un peu fruste, mais saisissante, surprenait...

« Pilate lui dit : Vous êtes donc roi? Jésus répondit : Vous le dites, je suis roi. C'est pour cela que je suis né et pour cela que je suis venu dans le monde, afin de rendre témoignage à la vérité. Quiconque est de la vérité écoute ma voix. Pilate lui demanda : Qu'est-ce que la vérité ? Et lorsqu'il eut ainsi parlé, il sortit... » (Jean, XVIII, 38.) Or, Pilate, joyeux et bien portant, gros homme aux digestions faciles, enveloppé dans sa toge d'ocre jaune qu'illumine un rayon de soleil, Pilate qui sait la vie sourit de ce rêveur, et c'est avec l'ironie supérieure d'un sceptique très fort qu'il lui lance ces mots où se trahit l'expérience du monde : « Qu'est-ce que la vérité ?... » Qu'est-ce que la vérité ? dérision suprême de l'apôtre qui meurt pour elle ! Jésus, vêtu d'une pauvre robe, humilié, dans l'ombre, regarde Pilate avec des yeux d'effroi. Ce n'est pas le mépris qui se peint sur sa physionomie dure et tourmentée, mais une sorte d'effarement douloureux et l'infini découragement du Fils de l'homme qui sait la vérité, qui la sent en lui vivace et vivifiante et qui ne peut la communiquer!... Et c'est la même angoisse qui le torturait au jardin de Gethsémani quand il s'affligeait sous les oliviers et s'écriait : « Mon âme est triste jusqu'à la mort! »

Ce Christ ne ressemble pas aux habituelles imageries religieuses. Il ressemble plutôt à ces révolutionnaires évangéliques, à ces apôtres du bien social que les peintres russes nous représentent livrés aux mains rudes des policiers : une même foi brille dans leur regard, une même détresse aussi leur vient d'une pareille impression d'impuissance et d'impossible apostolat!...

La Vérité! voilà le titre qu'on pourrait donner aux plus belles œuvres des maîtres russes, peintres religieux ou peintres de genre. Avec une pitié mâle, ils peignent la souffrance de ceux qui luttent pour la

Vérité, l'orgueil insolent de leurs op-
presseurs, l'éternel combat de la Force
contre l'Esprit.

* *
*

La peinture historique des Répine, des
Sourikoff, des Gué, n'a pas de rapport
avec celle de notre école française, —
de notre Paul Delaroche, par exemple.
Ce que les peintres russes cherchent
dans le passé, ce n'est pas la beauté,
l'étrangeté luxueuse ou pittoresque du
décor, comme fait un Delacroix ou,
tout simplement, un Rochegrosse. L'agrément de la couleur locale et de tout
ce romantisme ne les attire pas. Ils n'ont
pas l'ambition, peut-être puérile, de res-
susciter les civilisations disparues. Dans
le passé comme dans le présent, dans les
tragédies historiques comme dans les
drames journaliers de la vie contempo-

raine, ce qui les intéresse, ce sont les crises morales où se révèle l'éternelle angoisse de l'humanité.

Quand Sourikoff représente *l'Exécution des Strélitz,* sur la place Rouge, au pied des murailles du Kremlin, ce n'est pas seulement un épisode ancien des annales russes qu'il nous met sous les yeux, mais il évoque l'horreur des tyrannies rivales, la sanguinaire folie des chefs d'hommes, et le crime essentiel de l'Histoire. *Le prince Menchikoff en exil,* réfugié dans une chambre froide avec ses enfants misérables, témoigne encore de la même fureur humaine. Et de même aussi *la Boyarine Morosoff,* emportée, les chaînes aux mains, dans la neige, sur un traîneau de bois, parmi les huées des riches et les bénédictions attendries des pauvres gens. Proscriptions, revanches sanglantes, haine et brutalité farouche, voilà l'histoire, à travers les âges, des troupeaux humains et de leurs bergers en délire !

D'autres tableaux historiques de Gué, de Répine, sont de profondes, d'ardentes études d'âmes; c'est l'humanité scrutée, jugée dans ses échantillons les plus expressifs, le cœur des « héros » mis à nu. *Pierre Ier interrogeant le Tsaréwitch Alexis*, par Gué, *la Tsarine Sophie le jour de l'exécution des Strélitz*, par Répine, sont des œuvres de moralistes : jamais on n'a peint, avec plus d'intensité, des yeux plus pleins de passion exaltée ou contenue, plus révélateurs d'âmes excessives, plus illuminés de vie profonde. Le regard de Pierre Ier devant le fils coupable, humilié, déplorable, a toute l'ardeur de la colère et de la haine et tout le mépris glacial qui châtie comme une lanière cinglante. Le regard de l'Impératrice Sophie, tandis que ses partisans défilent devant ses fenêtres grillagées, en route

11.

vers les bourreaux, lancent des lueurs de fureur exaspérée.

Extraordinaire entre tous est ce tableau de Répine dont le souvenir reste dans l'esprit comme celui d'une étrange hallucination, comme un éclair à l'éclatante lumière duquel le fond obscur de l'âme humaine se serait une fois révélé : *Jean le Terrible et son fils Jean*. Jean le Terrible a tué son fils ; il lui a troué la tempe d'un coup de pique. Mais il a vu le sang couler ; alors, quelque chose comme un remords, une sorte d'angoisse instinctive plutôt, a remué dans son cœur, dans sa chair. Les yeux chavirés, pris de folie, il s'est rué sur sa victime ; il tient embrassée la tête saignante, de sa main crispée il tâche de retenir le flot rouge du sang. L'épouvante devant la mort flambe dans ses yeux.

Comprend-on, par ces quelques indications, ce que les maîtres russes ont fait de la peinture historique ? Ainsi conçue, elle n'est plus seulement de la décoration, ou de l'imagerie vaine, pour le seul enchantement de la vue, mais elle exprime intensément l'incessante ardeur, toujours renouvelée et toujours la même, de l'humanité passionnée.

L'étonnante aptitude psychologique que ces tableaux révèlent a fait de quelques peintres russes de remarquables portraitistes. Le portrait de Wladimir Soloviev, par Iarochenko, celui de Tolstoï par Gué ne sont pas seulement ressemblants, mais révélateurs. Le *Dostoïevsky* de Péroff exprime avec une singulière puissance la fiévreuse, la brûlante pensée que d'effrayantes imaginations hallucinent et tourmentent... Une rêverie *visiblement musicale* apparaît dans les yeux et dans la méditative physionomie du *Tchaïkovsky* de Kousnetsoff...

*
* *

… Je n'espère pas avoir donné, par ces
quelques notes, une impression suffisante
de ce qu'est la peinture russe contemporaine. Et qu'ai-je fait (il faut qu'on s'en
étonne!) que décrire des tableaux, et
même les raconter? Critique fâcheuse,
dit-on, et dont le tort essentiel est de confondre les genres, la littérature et la
peinture.

Certes, il serait intéressant d'étudier un
peu dans ces œuvres le métier et la techni-
que de l'art, d'en juger le dessin, la couleur, la composition. Il y aurait, à ce point
de vue, des reproches à faire aux maîtres
russes, souvent trop négligents, et peu
habiles en somme. La composition de
leurs tableaux, avec des médiocrités dans
le détail, est cependant franche et expres-
sive. Mais la couleur est sans éclat, terne
et grise, insignifiante. Et le dessin, même

chez des artistes tels que Répine, — chez Répine moins que chez les autres, d'ailleurs, — est parfois mou, sans vigueur et sans précision.

Qu'importe?... Oui, qu'importe, puisque l'intérêt de leurs tableaux ne tient pas essentiellement à la beauté de l'exécution, mais à l'idée qu'ils rendent, à leur inspiration sociale. Une même volonté d'exprimer des idées, une même ardeur pour de semblables doctrines, voilà ce qui fait l'unité originale des efforts divers tentés par les peintres russes, voilà ce qui les constitue véritablement en une école.

Et cette confusion, comme on dit, entre la peinture et la littérature, c'est eux-mêmes qui la font, sciemment; elle est, en quelque sorte, le point de départ de leur esthétique.

On aura vite fait de condamner cette esthétique et de mépriser cette « peinture littéraire ». La nécessaire distinction des

genres semble un dogme que les critiques
admettent facilement, car il rend leur
tâche plus aisée. Il faudrait discuter longtemps à ce sujet. Si l'on sépare trop absolument les arts divers, on arrive à de
fàcheuses conséquences, — à celle-ci, par
exemple : pour réserver exclusivement à
la littérature l'expression des idées, on
transforme l'art du peintre en une sorte
de vain coloriage. La couleur, dit-on, vaut
par elle-même; le peintre, avant tout, doit
être un coloriste. Mais la couleur n'est
que l'instrument, et le peintre qui n'est
que coloriste fait à son tour une confusion
entre le moyen et la fin de son art. D'autre part, il est bien évident que certaines
idées sont plus aisément et plus complètement exprimées par la littérature, d'autres
par la peinture, d'autres par la musique;
il n'est pas sans danger de se tromper
d'instrument. Il est possible que parfois
les peintres russes aient commis quelque

erreur de ce genre. Du moins, dans les tableaux dont j'ai parlé, parce qu'ils représentent de la manière la plus frappante les tendances de l'art russe contemporain, les artistes ne se sont pas fait illusion sur la capacité d'expression de leur art. Ils ont, au contraire, exprimé pleinement leur idée, — autrement, mais avec autant d'exactitude et d'intensité que leurs collaborateurs dans l'œuvre sociale à laquelle ils s'attachent, les romanciers, les poètes, les publicistes.

Il est assez vain de juger un art local avec des principes esthétiques absolus, ou plutôt, avec des principes esthétiques qu'on croit absolus, et qui seulement sont différents, et qui surtout sont étrangers. Il n'est pas certain qu'il y ait une esthétique générale. L'art se modifie suivant les temps et les lieux avec les variations de l'esthétique, et les diverses esthétiques sont les produits directs des circonstances sociales. On ne doit proscrire aucune de ces conceptions artistiques; il convient plutôt de les expliquer. Toutes ces conceptions différentes, contradictoires même entre elles, sont légitimes. Un art est puissant et digne de remarque quand il est en conformité manifeste avec l'état social qui l'a produit, quand il exprime cet état social, quand il concourt au travail social d'un peuple à une époque précise de son développement. Or, à ce point de vue, auquel il convient de se placer, l'art russe est digne d'admiration.

*
* *

On voit combien cet art est conforme à l'esthétique de Tolstoï. Il serait facile d'illustrer le *Qu'est-ce que l'Art?* avec des tableaux de Gué, de Répine, de Makovsky, de Kassatkine, et d'Iarochenko.

L'idée essentielle de Tolstoï est celle-ci : l'art ne doit pas être un privilège réservé jalousement à quelques-uns ; il faut qu'il s'offre à tous. — La peinture russe est populaire, les sujets qu'elle traite intéressent le peuple, expriment ses souffrances, expriment aussi le sentiment de charité généreuse qui rapproche du monde qui peine le monde de l'intelligence.

Le but de l'art, dit Tolstoï, n'est pas le plaisir, cette sorte de plaisir sensuel qu'on décore du nom de « jouissance artistique » ou du nom plus somptueux encore de « sentiment de la Beauté ». La réalisation de cette « Beauté », rêve ésotérique de quelques raffinés, n'est pas le rôle véritable de l'art. L'art ne doit pas être séparé de la vie, il doit l'exprimer dans sa vérité profonde, dans sa douloureuse réalité. — La peinture russe est réaliste. Aussi Tolstoï la vante-t-il, et les raisons pour lesquelles il la vante sont celles précisément pour lesquelles il méprise la peinture occidentale... « En Angleterre, en France, en

Allemagne, me disait-il un jour, on ne fait que de l'art difficile, de l'art quintessencié, sans rapport avec la vie. Où trouvez-vous seulement un effort pour intéresser le peuple à l'art? » Je lui rappelai les préoccupations sociales de quelques préraphaélites anglais, le socialisme de William Morris, les désirs d'action populaire de Watts. Watts fait, tous les dimanches, une exposition de ses œuvres dans son atelier; il le laisse ouvert au public, pour que le peuple, au sortir des offices, puisse le visiter et communier dans la religion de l'art. Tolstoï ne connaissait pas Watts; il me demanda de lui indiquer *le sujet* de quelques-uns de ses tableaux, — mais il m'interrompit bientôt en me disant : « Ah! ce sont des symboles, cela ne m'intéresse pas! » La peinture russe n'est pas allégorique : elle exprime directement des idées par la représentation de la réalité.

Le contenu véritable de l'art, suivant Tolstoï, c'est l'ensemble des idées profondes qui constituent la *conscience religieuse* d'une époque. « A toutes les époques historiques, écrit-il (1), et dans toutes les sociétés, il y a une conception supérieure, — propre à une époque, — du sens de la vie; et c'est elle qui détermine l'idéal du bonheur vers lequel tendent cette époque et cette société. Cette conception constitue la conscience religieuse. » C'est cette conscience, obscure et latente dans la foule des hommes, qu'expriment clairement et fortement quelques hommes d'élite. Ceux-là sont les vrais artistes : leur rôle est d'éclairer et de renforcer la conscience religieuse de leurs contemporains... « Or, écrit encore Tolstoï, la conscience religieuse de notre temps, d'une façon générale, consiste à recon-

1) *Qu'est-ce que l'Art,* trad. T. de Wyzewa. (Perrin.)

naître que notre bonheur, matériel et spirituel, individuel et collectif, actuel et permanent, réside dans la fraternité de tous les hommes, dans notre union pour une vie commune. » Ces aspirations sociales ne sont pas particulières à Tolstoï. Elles sont nées, en Russie, du grand mouvement moral qui suivit l'abolition du servage. Et ce sont elles qui ont suscité depuis cette époque l'admirable développement de la peinture russe.

Tolstoï et les peintres russes sont d'accord pour affirmer que le but de l'art n'est pas la réalisation d'une mystérieuse beauté, mais essentiellement l'action sociale.

Les idées des peintres russes, comme celles de Tolstoï, sont *révolutionnaires et évangéliques*. Cela ressort assez de ce que chacun sait de Tolstoï si l'on a lu ses derniers ouvrages, et de ce que j'ai dit des plus belles toiles de la galerie Trétiakoff.

La peinture historique de Répine ne révèle-t-elle pas les mêmes intentions qu'on aperçoit dans les romans historiques de Tolstoï? La peinture religieuse de Gué ne semble-t-elle pas animée par la foi religieuse de Tolstoï : « le Christianisme donné non comme une doctrine mystique, mais comme une doctrine morale »? Tolstoï attache une très grande importance à l'œuvre de Gué qui fut, dans les dernières années du peintre, son meilleur ami. Les scènes de prisons, si fréquentes dans la nouvelle peinture russe, rappellent les plus sombres pages de *Résurrection*. Un *Couloir de cour d'assises* de Kassatkine, soldats de police et condamnés pêle-mêle, donne le sinistre spectacle qui faisait frémir Nekhludoff quand il allait voir la Maslova. Un étrange tableau d'Iarochenko représente, au bord d'un quai de chemin de fer, un wagon de condamnés : on entrevoit les pauvres gens à travers les barreaux de la fenêtre. Un homme et une femme, sinistres têtes de misère, sont là ; ils tiennent dans leurs bras un petit enfant, qui jette, l'innocent, des miettes de pain, dehors, à des ramiers. Cela s'appelle *Partout la vie*. On pense inévitablement à cette œuvre en lisant, dans *Résurrection*, l'arrivée au tribunal de la Maslova prisonnière. Serrée de près par ses gardiens, elle a traversé la ville. « En passant devant un magasin de farine, près duquel se promenaient quelques pigeons, elle frôla du pied un ramier bleu. L'oiseau s'envola, fila tout contre le visage de la jeune femme, qui sentit sur sa joue le vent de ses ailes. Elle sourit ; mais, aussitôt après, elle poussa un soupir, ramenée soudain à la pénible conscience de sa situation (1). »

Le *Qu'est-ce que l'art?* de Tolstoï a

(1) Trad. T. de Wyzewa.

surpris, déconcerté, indigné parfois les lecteurs français. On s'est représenté Tolstoï comme un étrange théoricien qui tout à coup vaticine, ordonne, réglemente et prétend régenter l'art avec des dogmes impérieux qu'il invente et formule catégoriquement. L'esthétique de Tolstoï *constate* l'art russe contemporain. Elle est à l'art russe contemporain ce qu'est à l'art grec du ve siècle la Poétique d'Aristote, ou, si l'on veut, ce qu'est à notre art classique l'Art poétique de Boileau. Comme Boileau constate Racine, comme Aristote constate les tragiques du temps de Périclès, Tolstoï constate l'art de ses contemporains, romanciers tels que Dostoïevsky, Korolenko, Tchékoff, poètes tels que Nekrassoff ou Pleshtéïeff, peintres tels que Gué, Répine, Kassatkine ou Iarochenko. Plutôt encore, l'art de ces maîtres et l'esthétique de Tolstoï proviennent des mêmes circonstances sociales, sont l'ex-

pression d'une même « conscience reli-
ligieuse ». Dans la Russie contemporaine,
tourmentée d'effroyables angoisses, l'heure
n'est pas venue de l'art pour l'art. Nul,
parmi ceux qui pensent, n'a le droit de
s'isoler et de se singulariser dans un rêve
individuel. La destination de l'art est
de répandre à profusion les idées parmi
les hommes; il faut qu'il suscite aux
bonnes doctrines d'innombrables adeptes,
il faut qu'il soit populaire. L'objet de
l'art n'est pas la subtile réalisation d'un
idéal particulier, mais l'éveil dans les sociétés humaines d'aspirations et de désirs
unanimes.

*
* *

Les paysagistes russes vaudraient une
étude spéciale. Leurs œuvres ont un
charme rare, une finesse singulière. Eux
aussi sont réalistes. C'est bien la nature

de leur pays qu'ils représentent ; quelques-uns de leurs tableaux sont peu com-
préhensibles si l'on n'a pas visité la Russie, si l'on ne connaît que la neige de
France et si l'on n'a pas vu le printemps
paradoxal naître dans le désert morne des
plaines glacées, si l'on n'a pas senti la
poésie troublante et décevante des immenses étendues calmes et des horizons
infinis. Lévitane, Svétoslavsky, Polénoff,
Kouindji, Doubovskoï, attentifs aux chan-
gements délicats que l'heure apporte dans
les paysages familiers, aux mystères que
l'ombre évoque dans les solitudes, aux
gaietés printanières du premier soleil
dans la neige, ont imprégné leurs œuvres de poétique et simple vérité. Une
mélancolie émane d'elles, la mélancolie
des paysages déserts, tranquilles sous
les variations des apparences. Ils sont
exempts de romantisme ; ils ont ouvert
ingénument les yeux sur la nature toute

proche et c'est leur émotion, simple et discrète, qu'ils nous communiquent...

XV

(La neige.)

A travers les carreaux, je regarde tomber la neige. Elle tombe sans fin, sans interruption, sans ralentissement; elle s'entasse, elle s'étend; ingénieuse à s'insinuer, habile aux équilibres, patiente, elle couvre toutes choses jusque dans le menu détail, docile aux fantaisies capricieuses des formes. Son minutieux et lent travail compose le délicat et lourd manteau d'hiver.

Ah! c'est la tombée des atomes, des atomes du temps! Ils viennent de l'infini, incessants, silencieux. Ils tombent secrètement et tu n'entends pas leur chute. Leur chute ne trouble pas l'imprévoyance merveilleuse de ton rêve. Ils ensevelissent tout. La surface variée des choses, où jouait la lumière pour notre joie et l'amusement de nos regards, où s'épanouissait l'apparence prestigieuse de la vie pour l'exaltation fugitive de nos âmes, les atomes du temps la cachent et la renouvellent...

Les atomes d'oubli tombent en cendre blanche, et leur chute est si douce qu'elle endort ton âme et l'insensibilise. Les atomes d'oubli font le silence dans ton âme ; ils calfeutrent les coins sonores où des échos de plaintes anciennes se prolongeraient, les corridors où des tumultes s'éveilleraient, les voûtes basses où des clameurs se répercuteraient. Ils donnent à ton âme souffrante la bienfaisante torpeur.

Ah ! le silence et l'oubli !... Le paysage se résigne à la tombée lente, incessante de la neige en flocons légers ; le paysage est soumis à la minutieuse fatalité des atomes. Il se laisse endormir sans révolte, ensevelir sans sursaut. Il n'y a plus d'oiseaux. Dans le calme de l'heure, nul vent ne frôle plus les arbres. Les branches sont immobiles ; leurs longs bras morts reçoivent sans frissonner la caresse mortelle de la neige.

Apprends du tranquille paysage d'hiver la résignation, la docilité parfaite aux lois de silence et d'oubli...

XVI

(*Tolstoï.*)

Ce qui frappe tout d'abord quand on rencontre Tolstoï, c'est la certitude où il est manifestement de savoir la Vérité. Cela se voit à son regard, cela se devine à l'assurance de sa voix, à la fermeté de sa démarche. Toute sa personne donne une impression d'absolue certitude. Il est rare

qu'il parle très fort et qu'il s'anime extrêmement pour exprimer ou pour défendre
une idée; même lorsqu'on croit qu'il va
s'indigner, il parle sans éclat, d'un ton
tout uni. Il est si sûr de ne pas se tromper,
de dire la vérité toute pure, impersonnelle
et revêtue de son caractère d'évidence,
qu'il ne la défend pas avec jalousie et
passion comme une opinion qu'il aurait.

Dans aucune de ses opinions, de ses
pensées, de ses croyances il n'a d'hésitation. Il n'est nullement atteint par le
doute. Car, tout ce qu'il faut savoir, il le
sait, et ce qu'il ne sait pas n'a pas d'intérêt. Il a fait un départ très net entre le
connaissable et l'inconnaissable, positiviste en cela, très consciemment positiviste, — ce qu'il importe de noter. L'inconnaissable ne le trouble pas; même il a
du mépris pour les vaines curiosités qui
lancent les imaginations au delà des per-
ceptions claires. La vie humaine est en-

serrée dans des limites qu'il ne convient pas de franchir. C'est dans le connaissable, aisément tangible, que se développe notre être moral : le reste est frivole, inutile, dangereux. Les métaphysiques sont vaines.

Si parfois ses yeux s'assombrissent, et s'il n'a pas perpétuellement l'absolue sérénité du sage, s'il s'inquiète, — ce n'est pas sur lui-même qu'il s'attriste, ce n'est pas une angoisse personnelle qui l'étreint, mais il se désole de ne pouvoir donner la certitude aux autres hommes, parce qu'ils ne veulent pas « se rendre à l'évidence ».

... J'ai donc vu dans ma vie un homme qui a la certitude parfaite, qu'aucun mystère ne tourmente, et qui vit sans hésitations douloureuses, sans tergiversations et sans faiblesse. Cela valait bien le voyage. Je crois qu'à ce point de vue Tolstoï est à peu près unique et donne un prodigieux exemple. Les autres hommes vivent presque au hasard; les meilleurs d'entre eux font de leur mieux sans être assurés de faire bien. Ils tâtonnent, ils capitulent, ils appellent à leur secours des casuistiques ingénieuses; ils se dupent eux-mêmes ou se désespèrent... Mais maintenant, j'ai vu sur terre un homme qui a la certitude parfaite!

On m'a raconté qu'un des amis de Tolstoï faisait un jour devant lui quelques réserves sur l'une quelconque de ses idées, avec beaucoup de courtoisie, d'ailleurs. Tolstoï resta un instant silencieux, et puis, en regardant bien en face, de ses yeux durs, son adversaire, — que dis-je? l'adversaire de la Vérité : « Je ne peux pas souffrir, lui dit-il, qu'on ne soit pas de mon avis! » Il y eut quelque embarras dans l'assistance, car de si fortes convictions ne sont pas à la portée de tout le monde... Tolstoï consentit à s'expliquer;

il le fit brièvement. En manière de com-
mentaire, il dit : « Car la Vérité est une ! »
— « La Vérité est une, repartit l'autre,
je le veux bien, mais les opinions sur la
Vérité sont plusieurs... » Et, c'est alors
que Tolstoï, blessé d'un tel scepticisme,
conclut sans réplique : « Il n'y a pas des
opinions, il y a la Vérité ! »

Ai-je tort de rapporter cette anecdote ?
J'ai peur qu'on ne l'interprète pas comme
il convient. J'ai peur qu'on veuille croire
à l'orgueil de Tolstoï. Ce n'est pas du tout
cela. Mais telle est la faiblesse déplorable
de notre nature, — à nous autres qui ne
savons pas, — que nous nous excusons
vis-à-vis de nous-mêmes en calomniant les
trop superbes convictions. Non, il n'est pas
orgueilleux ; il n'est pas orgueilleux pour
lui-même, il l'est pour la Vérité. Ce
n'était pas lui-même qu'il défendait, mais
la Vérité. Il n'a pas de mépris pour les
autres hommes, — pas plus que Jésus pour

Pilate, dans le tableau de Gué : seulement, il s'attriste du scepticisme irrémédiable de Pilate.

La doctrine de Tolstoï est connue, il l'a très abondamment exprimée, expliquée, commentée dans ses derniers ouvrages : « Le Salut est en vous », « Que faire ? », « Ma Religion », « les Évangiles ». C'est une sorte de christianisme qui fait bon marché du dogme et ne retient que l'éthique, se refuse à croire à la divinité de Jésus, distingue avec netteté le Nouveau Testament de l'Ancien, et se résume assez complètement dans les préceptes moraux du Sermon sur la Montagne. C'est moins une religion qu'une philosophie, moins une philosophie qu'une morale, et plutôt encore une conception de la vie.

Comme « la Vérité est une », Tolstoï ne m'a rien dit de nouveau sur sa doctrine même. Il aurait fallu, pour cela, qu'il se contredît, — et ce n'est pas son genre !

J'ai tâché d'avoir quelques éclaircisse-
ments, non sur le contenu, mais sur le
point de départ philosophique de sa morale, sur la manière dont il légitime et
motive ses préceptes impérieux et, bien
qu'il n'aime pas ce jargon, sur le fonde-
ment de son éthique et son critérium de
la Vérité. Sur quoi reposent en effet ses
prescriptions morales? Elles sont nettes
et catégoriques; elles n'autorisent aucune
discussion. Comment leur donne-t-il force
de loi? sur quelle autorité les appuie-t-il?
Sa morale n'est-elle qu'une invitation à
suivre un certain genre de vie qui lui
paraît acceptable? N'est-elle pas obliga-
toire?

Toutes ces questions ne se posent pas
pour Tolstoï, ou du moins elles ne se posent
pas ainsi. Il ne fait pas dépendre la morale
d'une volonté divine extérieure : son
Christ n'est pas un Dieu dont l'Évangile
codifierait les injonctions. Il ne la déduit

pas, au moyen d'une argumentation logique, d'un principe métaphysique : il est
positiviste et nie formellement la métaphysique. Enfin, il ne l'enveloppe pas dans
un ensemble de croyances mystiques. Simplement, voici ce qu'il me dit :

« Si dans une montre vous introduisez
une paille, rien ne marche plus ; mais en-
levez cette paille et, subitement, tout se
remet à marcher. C'est le signe évident
qu'il était mauvais qu'une paille fût intro-
duite dans ce mécanisme. De même, si
vous introduisez dans votre vie une fausse
doctrine, rien ne marche plus... Vous me
demandez pourquoi je crois que la doctrine du Christ est la vraie doctrine, à
quel signe je la reconnais comme la vraie
doctrine? Voici. Dès que l'idée chrétienne, la véritable idée chrétienne, est
entrée dans une âme, toute la vie s'organise, toute la vie devient claire, facile et
cohérente; les hésitations cessent, les

contradictions disparaissent, et... cela marche!

« Je crois à la doctrine du Christ, parce que je ne connais pas une autre doctrine qui puisse donner une égale somme de bien à un si grand nombre d'hommes, à la totalité des hommes... Cela est l'évidence même. Les sophistes essayent vainement d'obscurcir cette évidence. Les écrivains comme Nietzsche qui affirment effrontément leurs théories individualistes, qui prétendent que la sympathie et la compassion sont des faiblesses, ne peuvent être sincères. Leur doctrine est manifestement fausse : la doctrine contraire est d'une suffisante clarté pour ceux qui veulent voir! »

Tolstoï s'interrompt un instant. Il répète : « C'est l'évidence même! » et reprend avec brusquerie : « Évidente aussi la liberté humaine. On nie la liberté en affirmant le principe de raison suffisante.

Moi, au lieu du principe de raison suffisante, j'affirme la liberté. Affirmation pour affirmation, la mienne vaut bien la leur. Aucun doute sérieux ne peut venir à ce sujet. Seulement, pour voir avec exactitude les choses comme elles sont, il faut au préalable se libérer l'esprit, le débarrasser des entraves et des mensonges, le purifier : dès lors, on sera capable d'envisager la réalité, et, si l'on envisage la *réalité* sans préjugés et sans parti pris, on ne peut pas ne pas s'apercevoir que la vie veut être vécue chrétiennement. »

Telle est la conception de Tolstoï. Manifestement, elle n'est pas mystique. Tolstoï n'est nullement mystique. Le mysticisme de Tolstoï, dont on parle toujours, est une singulière légende dont je ne sais pas l'origine. On se sert de ce mot naïvement pour rendre compte de tout ce qui, dans l'existence, dans la doctrine de

Tolstoï, étonne, trouble nos lâches atermoiements. Quelquefois on dit qu'il est fou. Ces deux explications se valent presque. Comment ce philosophe qui nie toute métaphysique, qui dans le dogme chrétien écarte tout le merveilleux et le surnaturel, serait-il un mystique ?

En art, Tolstoï est un réaliste, le plus prodigieux des réalistes. Nul écrivain peut-être n'a eu, au même degré que lui, le don de voir et de représenter *ce qui est :* dans son œuvre, plus qu'en aucune autre, « le monde extérieur existe ». Et quant à sa morale, elle prétend s'inspirer directement de la réalité ; — même, en un certain sens, il faut dire qu'elle est expérimentale. C'est parce que Tolstoï a connu la vie et l'a minutieusement constatée, c'est parce qu'il en a vivement subi le contact, c'est parce qu'il a souffert des impressions multiples et incohérentes qu'il en a reçues, qu'il a éprouvé l'impérieux besoin de l'organiser. C'est parce qu'il a fait l'expérience des misères qu'y apporte l'individualisme qu'il a repoussé cette doctrine. C'est parce qu'il a fait l'expérience du calme et de la beauté qu'y apporte la charité chrétienne qu'il adopte cette maxime. Et pour propager son éthique, que dit-il aux incrédules? Essayez vous-mêmes, expérimentez, et *constatez* que là est le bien.

Sa morale est essentiellement un arrangement de l'existence, et les principes de sa morale, c'est à l'existence même qu'il les demande. S'il emprunte au Christ sa doctrine, ce n'est pas qu'il lui attribue une origine divine, mais seulement il la trouve conforme aux exigences de la vie. Un sage s'est rencontré, — ce fut le Christ, — qui inventa, voilà deux mille ans, la meilleure conception de la vie qu'on ait encore imaginée. Acceptons-la telle quelle, puisqu'elle est la meilleure, puisqu'elle résout le problème. La réalité n'est pas muette ; elle pose une question dont la solution est pressante. A cette question, le Christ a répondu définitivement. Soyons donc les disciples du Christ, comme nous suivrions nous-mêmes notre propre inspiration s'il s'était trouvé que nous découvrions nous-mêmes la solution.

*
* *

Vers le soir, Tolstoï se mit au piano. Il joua, dans l'ombre, des fragments divers de Schumann. Ses doigts, agiles sur le clavier, frappaient dur, et parfois exprimaient toute la douceur de la mélodie. Et je me rappelais ce passage délicieux des *Souvenirs d'enfance* : « Maman jouait le deuxième concerto de Field. Je dormais à moitié et, du fond de ma mémoire, des souvenirs légers, lumineux, montaient, pour ainsi dire transparents. Elle com-

mença la Sonate pathétique de Beethoven
et il me vint des souvenirs tristes, péni-
bles et sombres. Maman jouait souvent
ces deux morceaux : c'est pourquoi, je
me rappelle très bien l'effet qu'ils me
produisaient. *Cela ressemblait tout à fait
à des souvenirs; mais des souvenirs de
quoi? Il semble qu'on se rappelle des
choses qui n'ont jamais été...* »

Quand il eut fini, ses bras retombèrent.
La tête inclinée, les yeux cachés sous les
sourcils froncés, il resta quelques instants
immobile, comme dans un rêve de souvenirs. Nous n'osions pas bouger; une sorte
de religieux silence sembla s'être installé
secrètement autour de nous. Il se leva; les
mains passées dans sa ceinture, il se mit
à marcher lentement dans la chambre
vaste. Puis, il revint à moi et me dit :
« Voilà de la musique ! Cela vaut mieux
que tous vos Wagner... »

XVII

(*Les Bohémiennes.*)

Aujourd'hui, j'ai fait la fête. C'était mon devoir, puisque je voulais me renseigner sur la Russie contemporaine. Dis-moi comment tu t'amuses, et je te dirai qui tu es... Ah! ce n'est pas une petite affaire, que la fête russe!

Et j'ai dîné d'abord au club Anglais. C'est le club élégant où fréquentent Lévine, Oblonsky, Wronsky, dans *Anna Karénine...* « Lévine n'avait pas remis le pied au club depuis le temps où, après avoir terminé ses études, il passa un hiver à Moscou; ses souvenirs à demi effacés se réveillèrent devant le grand perron, au fond de la vaste cour circulaire, lorsqu'il vit le suisse lui ouvrir, en le saluant, la porte d'entrée et l'inviter à quitter ses galoches et sa fourrure avant de monter au premier. Comme autrefois, il éprouva une espèce de bien-être auquel se joignait le sentiment de se trouver en bonne compagnie... » Quand Lévine entre dans la salle à manger, tous, jeunes et vieux, « semblaient avoir déposé leurs soucis au vestiaire avec leurs fourrures, pour ne plus songer qu'à jouir des douceurs de la vie ». Oui, c'est bien l'impression qui se dégage de l'atmosphère tiède, de la conversation gaie et d'une nourriture agréablement variée. Impression peu sublime, un peu trop physiologique, — mais douce décidément... Moi aussi, j'ai pris grand plaisir à la luxueuse *zakouska* servie dans une première salle à manger, poissons et légumes à l'huile, caviar, mille et un ingénieux hors-d'œuvre, champignons blancs, champignons rouges, champignons verts, et ceux-ci de chair épaisse, et ceux-là frisés, et ceux-là comme une singulière gelée

transparente. Rien de tout cela n'est né-
gligeable, — et si tu ne t'intéresses pas à
ces choses, tu as trouvé sans doute dans
la vie de bien prodigieux enchantements!
... Puis, j'ai savouré la délicieuse *oukha,*
soupe au sterlet, et toutes sortes de
bonnes choses dont les noms sont exo-
tiques. Je me suis promené dans les
salons nombreux où l'on jouait aux
cartes, aux échecs, au billard, la salle
de lecture, les petits coins intimes où les
amis qui se retrouvent font la causette.
Les petits salons sont confortables, mais
je n'aime guère les grandes pièces avec
leurs murs peints en blanc veiné pour
imiter le marbre. C'est très la mode en
Russie, — et c'est affreux.

... « Eh bien, Messieurs, si nous avons
fini, sortons, » dit Oblonsky.

Ensuite, à la salle de la Noblesse, très
beau concert dirigé par Saphonoff. La
Symphonie Pastorale, un concerto de

Tchaïkovsky, etc... Et j'ai vu là, ce soir, dans leur splendeur, les belles dames de Moscou. Fourrées, feutrées, empaquetées, dans la rue elles sont déplorables, immenses et sans forme. Ce soir elles sont charmantes, et c'est une surprise de les voir ainsi, subitement sorties de leurs gangues ; leur gracilité semble paradoxale, leur grâce inattendue a plus d'agrément...

Enfin, vers minuit, départ pour Strielna : la grande fête !... Strielna, c'est un restaurant très select aux environs de Moscou. En sortant du théâtre, ou du concert, ou d'une soirée quelconque, guindée parfois, — un peu las, un peu nerveux, un peu ennuyé, l'un dit à l'autre : « A présent, qu'est-ce que nous allons faire ?... » On a sommeil, mais on ne dormirait pas. On n'a pas sommeil du tout. On est resté trop longtemps enfermé, on a besoin de grand air et l'on rêve d'un bon vent frais qui vous cingle les joues et qui vous fouette le

13.

sang. « Si nous allions entendre les Bohémiens? » Et, c'est une joie alors, c'est
toute la bonne gaieté qui revient... Nous
allons faire la fête toute la nuit !

Nous avons pris une troïka, bien entendu, — la plus belle, comme il convient :
trois chevaux blancs, parés de pendeloques d'argent et, sur la croupe, comme
de grands voiles ondulant au vent, des
filets de soie bleue aux mailles légères,
et surtout un gros cocher avec un cafetan
bleu, mastodontesque, au large bonnet de
fourrure, à la grande barbe en éventail,
et qui conduit tout debout, les bras allon-
gés sur les guides.

La nuit est grise; un peu de lune, à
demi cachée dans la brume, l'éclaire fai-
blement. Il fait froid. Nous allons bon
train sur la neige épaisse et silencieuse.
Nous passons à côté de l'Arc de Triomphe;
nous manquons de verser, mais rien n'arrête l'élan de nos chevaux. Nous lon-

geons les longues prairies désormais sinistres où le pauvre peuple, pour voir le
Tsar, pour emporter un souvenir de lui,
s'est rué stupidement, s'est écrasé, lors
du dernier couronnement...

Et voilà que nous apercevons, au bout
de la route, loin encore, le phare électri-
que de Strielna. Le grand sillon de lumière
blanche éclaire notre chemin; mais, à
droite et à gauche, c'est la nuit complète :
on dirait que nous marchons entre de
hautes murailles sombres où des rangées
d'arbres, de place en place, ont l'air de
dessiner des colonnades artificielles...

Strielna!... Le perron est plein de monde,
où nous abordons, la cour pleine de chevaux, traîneaux, troïkas, « pigeons » (1),
tout cela qui s'agite et fait un bruit
de sonnailles grêles, le vestibule et, dès

(1) Voitures à deux chevaux dont l'un galope et l'autre trotte, une sorte de troïka dont un cheval de côté
manquerait.

l'entrée, la bonne chaleur, l'impression du confortable, de la vie facile et joyeuse ! Des domestiques tartares, aux bonnets d'astrakan surmontés de plumes de paon nous saluent très respectueusement ; l'un d'eux me prend ma pelisse, un autre mes galoches, et maintenant, allégé, distrait, j'erre à travers les salons, sans dépaysement, avec une impression vague de restaurant du Bois de Boulogne. Un tout autre public pourtant, car c'est déjà presque une expédition de venir à Strielna : on ne fait pas ça tous les soirs ; mais quand on le fait, c'est pour de bon ! Tel est, d'ailleurs, le genre en Russie : de fortes fêtes de temps en temps, au lieu de la petite fête quasi perpétuelle de Paris. Dame, alors, on s'en donne ! Dans la plupart des grands restaurants de Moscou, les menus objets, les poteries d'art sur des étagères, le long des murs, etc., tous les détails du mobilier portent une petite étiquette qui en indique le prix. C'est que parfois la jeunesse dorée y vient faire une fête... « à tout casser », — et cela se traduit sur la note par une accumulation de chiffres très significative : tant pour la casse, tant pour la réparation de l'orgue quand le riche marchand s'est plaisamment amusé à lui faire avaler du caviar, etc... Coût : trois mille roubles. « En voilà toujours mille ; tu passeras demain à mon comptoir, on te donnera le surplus... » Le désir grossier d'exhiber sa richesse avec une exubérante ostentation n'est pas pour rien dans ces imaginations d'excessives absurdités ; l'ivresse fait le reste.

Un très joli jardin d'hiver, éclairé *a giorno*. Des palmiers, des arbres tropicaux mêlent leurs larges feuilles découpées, leurs tiges fantastiques, touffues, velues, et dessinent des ombres singulières sur le frais vivier où les sterlets attendent le client.

Foule joyeuse ; des groupes bavards, par petites tables. Il faut passer bravement les premières minutes, celles où l'on s'ennuie infailliblement, où l'on va s'endormir, où l'on bâille, à Moscou comme à Paris, et comme ailleurs, je crois. Les conversations languissent... Qui est-ce qui dirait bien quelque chose de spirituel ? Oh ! personne, personne. Les grosses bêtises même, trouvées non sans peine, tombent lamentablement comme des ballons de caoutchouc percés.

On se promène dans le jardin d'hiver. On demande un cabinet particulier, on soupe. Du caviar frais servi dans la glace, avec du pain chaud, une mayonnaise de sterlets, et puis après nous verrons. Mais du champagne surtout ! Veuve Cliquot, cordon rouge. « Après souper, vous nous enverrez les Bohémiens. »

Les Bohémiens arrivent, et les Bohémiennes. Ils se rangent en demi-cercle autour de nous. Les femmes ont de singuliers costumes de soie multicolore, jaune, rouge, bleue et blanche. Elles sont parées de bijoux innombrables où les diamants flamboient, où les perlent pleurent. Elles ont des colliers d'or, des bracelets, des chaînes avec des pendeloques, des anneaux à demi barbares aux oreilles, aux doigts, dans les cheveux. Cela pendille et tressaute avec des tintements légers. Les grandes chanteuses sont habillées à l'européenne, robes mirifiques signées des premiers couturiers parisiens.

Leurs étranges figures bistrées, presque verdâtres, s'éclairent de la folie des yeux noirs et brillants comme le jais. Leurs lèvres pincées, leurs narines retroussées frémissent : leurs corps nerveux ont des balancements harmonieux et de singuliers déhanchements.

Les hommes jouent de la guitare, des

airs de valse, lents d'abord, puis empor-
tés, puis endiablés. La musiquette, grésil-
lante, s'élève, tumultueuse, ardente, et s'é-
panouit en larges et violentes sonorités...

L'une des femmes se met à chanter,
d'une voix rauque, brûlante. C'est désa-
gréable au début, monotone, et même
un peu commun. Mais la chanteuse s'a-
nime, le rythme s'accentue, se précipite et
s'enfièvre. Le chœur s'éveille et lui ré-
pond. Les voix s'unissent. Et ce sont des
cris ardents, saccadés, de souffrance char-
nelle ou d'excessive volupté, qui s'exaltent, qui s'exaspèrent.

Les chanteuses, en folie, s'agitent. On
dirait qu'elles s'enivrent du bruit qu'elles
font. Elles se dressent, elles tressaillent,
elles ont des sursauts forcenés qui les
secouent pendant qu'elles chantent. Et
voilà qu'elles dansent. Elles s'élancent,
elles tournent sur la pointe du pied; leurs
mains se crispent, leurs bras se tendent,

leurs corps bondissent. Et c'est comme un ouragan qui passe, comme une tempête, un déchaînement prodigieux d'éléments en furie. Le cercle se resserre. C'est une houle d'harmonie qui nous entoure, qui monte vers nous, avec des flux et des reflux, avec des clameurs et des vacarmes de mer démontée...

Étrange exaltation de toute notre âme obscure, mystérieux éveil et fantastique évocation de ses puissances latentes, de ses désirs inexprimés, de ses fureurs et de tout ce qui sommeille dans les tréfonds de son inconscience! Un souffle de musique ardente a remué jusqu'en ses profondeurs la masse immense et tumultueuse, comme le vent secoue la substance sombre des océans...

Il commence à faire un peu chaud dans cette petite pièce, et les bougies prennent des airs penchés. Dehors, il neige. Les premières lueurs de l'aube blanchissent le ciel brouillé ; un peu de rose pâle se mêle aux teintes mates des nuées. Les flocons s'éparpillent, lents, espacés, balancés par les brises perdues. Les Bohémiennes sont parties. Un silence morne, lourd, s'appesantit autour de nous. De la folie passée il ne reste qu'une lassitude, un ennui vague, un désir d'air frais et de large respiration sous la belle nuit glaciale. Ah ! qui se lèvera le premier pour partir?... Les chevaux galoperont sur la neige silencieuse...

Et, sans le dire tout haut, je me demande : « Qu'est-ce que fait Tolstoï, à l'heure qu'il est ? Apparemment, il dort ; ou bien, il s'éveille après une bonne nuit calme et se remet au travail pour la besogne matinale... » Je n'oserai jamais aller le voir demain !

XVIII

(*Tolstoï.*)

J'ai passé ma dernière soirée de Moscou avec Tolstoï, dans son cabinet de travail. C'est une chambre basse, étroite, encombrée de meubles et de sièges, avec une bibliothèque vitrée et le petit bureau à balustres qu'on voit dans le portrait du maître par Gué. Soirée douce, tranquille, grave, — mélancolique, puisqu'elle devait être la dernière.

« ... Alors, vous avez, vous aussi, la superstition de la science ? me dit Tolstoï. On dit que la science se fait. Seulement, son travail ne sera jamais terminé. Les phénomènes divers qu'elle étudie sont *in-finiment* nombreux. Cela seul montre combien il est chimérique de penser que la science sera jamais achevée, — et les braves gens qui comptent établir, un jour ou l'autre, la morale sur la science sont dupes d'une étrange illusion, ou bien ils sont tout simplement de mauvaise foi.

« Il y a des savants aussi, — je crois même que c'est le plus grand nombre, — qui veulent que la science soit indépendante de la morale et de tout le reste : on dit *la Science pour la Science* comme on dit *l'Art pour l'Art!* C'est tout aussi profond, tout aussi sincère,... tout aussi absurde !

« Voyons, l'esprit humain ne peut embrasser l'ensemble de tous les phénomènes. Le champ de sa vision n'est pas très étendu : la somme des objets qu'il peut voir d'un seul coup d'œil est restreint. L'esprit humain est comme une lanterne qu'on pose sur la neige : il n'éclaire autour de lui qu'un espace déterminé, et ses rayons sont si faibles à l'extrémité que les derniers points éclairés sont encore presque dans l'ombre. Pour voir toute la surface, il faut déplacer la lanterne ; il faut la mettre ici et là, à une infinité de places successives. Il n'y a pas à dire, on ne peut pas tout voir à la fois.

« Alors, dans l'impossibilité de tout saisir par une intuition immédiate et universelle, il faut choisir ! Que choisira-t-on comme sujet d'étude ? et quel ordre suivra-t-on ?

« Voilà les questions essentielles, premières, — et celles-là, la science, à elle toute seule, ne peut les résoudre. En conséquence de quoi, beaucoup de savants consacrent leur vie, leur intelligence, et des trésors d'ingéniosité souvent, à des questions qui n'en valent pas la peine. On s'est moqué d'eux, on a bien fait ; mais surtout ils méritent qu'on les plaigne, car ils sont les esclaves et les martyrs de la philologie ou de la chimie, comme il y a des esclaves et des martyrs de l'industrie ou

de l'exploitation minière. Servages nouveaux et qu'on n'a pas abolis, qui chaque
jour même recrutent plus de victimes ! Le
petit coin dans lequel ils sont confinés les
empêche de voir la vie. C'est la faute de
cette prétendue *loi* de la division du travail, cause des plus grands malheurs actuels de l'humanité.

« A ces questions : Que faut-il étudier
d'abord ? Quel ordre faut-il suivre ? En quel
point du champ faut-il poser la lanterne
plutôt qu'en tout autre point ? la science
ne peut répondre. Alors, elle va tout à fait
au hasard, et rien n'égale le désordre,
le méli-mêlo lamentable dans lequel elle
s'égare. Eh bien, ces questions préliminaires qu'il convient de résoudre avant
toutes les autres, c'est la morale qui les
résout. Il faut étudier d'abord, il faut étudier seulement ce qui importe à l'arrangement de la vie. La science de la vie est
seule bonne et légitime. La science pour

la science n'est qu'une curiosité vaine, impuissante à se satisfaire elle-même.

« Il n'est pas indispensable de prendre des airs de grand docteur pour découvrir le minimum de vérités dont la connaissance est nécessaire à qui veut organiser sa vie. Ces vérités sont très simples, elles ne sont pas mystérieuses. Il suffit d'ouvrir les yeux pour les voir. Il y a des gens qui vivent dans le luxe et dans l'oisiveté, — il y en a d'autres qui travaillent sous la terre, dans les mines étroites, l'échine courbée, au milieu des émanations les plus dangereuses de gaz délétères, pour assurer aux oisifs la vie heureuse : eux, n'ont pas de pain pour leurs enfants ni pour eux-mêmes... Il y a, le soir, au ballet, dans les loges, de riches seigneurs en grand costume; ils se plaisent à cet amusant spectacle qui réjouit leurs yeux sans tourmenter leur esprit somnolent; — et, pendant ce temps-là, tout un peuple de

machinistes, d'électriciens, de chauffeurs
se démène pour assurer le parfait fonc-
tionnement de tout un appareil compliqué ;
et je ne parle pas des danseurs et des dan-
seuses qui se mettent les pieds et tout le
corps à la torture. On a beau dire que l'esclavage est aboli, il y a encore des hommes qui sont au service d'autres hommes,
dont la vie de misère se passe à assurer
le plaisir d'autres hommes.

« Il n'est pas indispensable d'être grand
clerc pour apercevoir évidemment que
cette organisation de la vie moderne n'est
pas bonne. Mais, si les découvertes de nos
savants sont plus ambitieuses, aucune
d'elles n'est aussi importante que cette
pure et simple constatation, dès qu'on la
fait avec sincérité, dès qu'on en est ému...

« Du moment qu'on voit clairement
cette inégalité des conditions humaines,
on ne peut plus supporter la pensée d'avoir
du plaisir, de ressentir une jouissance

quelconque pendant que d'autres pei-
nent... Voyez-vous, c'est une souffrance
horrible de penser cela !... On ne peut pas
supporter longtemps cette souffrance.

« Le remède, le seul remède, on le
trouve dans la doctrine d'amour et de charité de Jésus-Christ. Quand une fois l'idée
chrétienne est entrée dans une âme, cette
âme est comme un poids au bout d'un fil.
Elle a vite fait d'arrêter les oscillations
incertaines pour se fixer dans sa direction
définitive. Elle veut s'abaisser, elle tend
de toute sa force à s'humilier. Elle va vers
les humbles, elle se consacre à eux et fra-
ternise avec eux. Elle renonce, pour cela,
à toute sa vie passée de faste et d'orgueil,
— et, croyez-moi, ce n'est pas si difficile,
ni si pénible !...

« Tout cela me paraît très simple, très
clair et évident. Je ne peux pas comprendre, me dit Tolstoï en prenant sa tête
dans ses mains, je ne peux pas compren-

dre quel besoin on ressent de compliquer les choses avec de la métaphysique, de la science, de la psychologie, quand tout est si clair, si simple, si évident! »

C'est toujours là qu'il en revient. Tandis que les autres hommes sont plutôt frappés, — n'est-ce pas? — des mystères de toutes sortes dont la vérité s'environne, des ténèbres qui la recouvrent et de la complication sans fin du labyrinthe où elle se cache, Tolstoï, lui, s'émerveille de tant de simplicité, de tant d'évidence. On l'accuse d'être paradoxal. Ce reproche lui est insupportable. Il voudrait crier à tous les hommes assemblés : Mais ouvrez donc les yeux et regardez, c'est clair comme le jour!... Malgré lui, tout naturellement, il ne peut s'empêcher de croire que, de ses adversaires, les uns sont de mauvaise foi et les autres n'ont pas le sens commun. Surtout, il estime que les hommes, par lâcheté, s'aveuglent volontairement, ferment les yeux sciemment à la lumière qui les gêne. Il est impossible qu'ils ne voient pas, mais ils ne veulent pas voir, ils font semblant de ne pas voir. La vérité qu'ils verraient exigerait qu'ils se conformassent aux injonctions impérieuses de la réalité. Ils devraient alors changer de vie, renoncer à leur misérable individualisme, à leur criminel égoïsme. Or, ils aiment ces voluptés fausses, malgré leur fausseté, à cause de leur douceur sensuelle. Rompre avec tout cela leur fait horreur. Ils ont peur de la vie nouvelle qu'il leur faudrait mener, de la vie vraie, conforme au bien. C'est par lâcheté, par voluptueuse indolence qu'ils restent dans la vie fausse. Et, pour y demeurer en toute tranquillité, ils inventent des casuistiques, ils imaginent des métaphysiques. Métaphysiques de complaisance, ingénieux prétextes! Il y a de prétendus philosophes qui réduisent sous forme de systèmes les bas instincts de l'humanité, ses désirs égoïstes, ses tendances viles. Ils rendent aux hommes le service honteux de leur arranger des éthiques à l'image de leurs souhaits intimes, de leur prescrire doctoralement le genre de vie où leur lâcheté les pousse.

Tel est le vilain bienfait des esthéticiens à l'égard des artistes, des moralistes à l'égard des hommes. Et les hommes se jouent la comédie à eux-mêmes, sciemment et dans une intention détestable.

Aussi Tolstoï a-t-il conçu toute son œuvre d'apôtre comme un pressant, comme un incessant rappel à la *sincérité*. Il pense que tout ira bien, le jour où les hommes, débarrassés de leurs préjugés, délivrés des faux philosophes qui les empêchent de voir, verront enfin l'évidente réalité.

Et c'est l'évidente réalité qu'il s'acharne à leur montrer. Il se plaît à des constata-

tions très faciles : la misère des pauvres
gens, par exemple, et l'orgueil fastueux des
riches qui les exploitent. Il insiste peut-
être plus qu'il n'est indispensable de le
faire sur ces tristesses qui sont de noto-
riété publique, démontrant ainsi la simplicité des choses de la vie. Son ouvrage
sur l'art débute par une très longue description de l'intérieur d'un théâtre pendant la répétition d'un opéra. La brutalité
du chef de musique, insolent avec sa voix
désolée et furieuse, les futiles et affolantes
préoccupations du metteur en scène, les
humiliations des choristes, ridicules dans
leurs costumes d'Indiens, le labeur affreux
des ouvriers, celui-ci pâle, hagard, avec
des mains sales et usées par la besogne,
celui-là épuisé de fatigue, hargneux et
aigri, des centaines d'hommes, peints et
sottement costumés, des femmes peu vê-
tues, Tolstoï ne nous fait grâce d'aucun
détail pour aboutir à cette conclusion :

« Je ne crois pas, en vérité, qu'on puisse trouver au monde un spectacle plus répugnant! » Il accumule les faits sur les faits pour établir péremptoirement cette maxime essentielle : les plaisirs d'une classe restreinte de la société ne s'achètent qu'au prix des souffrances d'une autre classe de la société, beaucoup plus nombreuse et qui a les mêmes droits imprescriptibles au bonheur. Et quels plaisirs? Les plus médiocres, les plus insensés, les plus vils!

Nous avions déjà entendu dire cela, si souvent même que nous étions tentés de renoncer à le redire. Nous l'avions constaté, si aisément même que nous n'y faisions plus attention… Ne serait-ce qu'une banalité? — Oui, sans doute. Et Tolstoï serait assurément le premier à le reconnaître; il tiendrait même à l'affirmer! Un reproche de ce genre n'est pas pour lui déplaire. Veut-on lui demander, pour dire

du nouveau, d'être paradoxal, et, pour
être ingénieux, de ne plus dire la vérité
parce qu'elle est trop connue? Apparemment, ces banalités ne sont pas si bana-
les, puisque la plupart des hommes vivent
comme s'ils les ignoraient. Les délicats,
les habiles, raffinent, compliquent à plaisir. Au fond, deux ou trois vérités presque
enfantines sont tout l'essentiel de ce qu'il
faut savoir pour la vie. Il est aisé de les
découvrir : elles sont lisiblement écrites
dans les choses mêmes. Il faut seulement
les accepter, les adopter. Les adopter
pleinement, elles-mêmes et leurs conséquences logiques, quelles qu'elles soient,
si gênantes qu'elles puissent être, si
étranges même qu'elles puissent paraître
aux molles habitudes de nos âmes. Accepter une vérité, c'est prendre vis-à-vis
de soi-même l'engagement d'accepter
aussi tous les corollaires qu'en déduit la
raison. Et c'est dans cette acceptation cou-

rageuse et loyale que se révèle principalement la grandeur d'esprit et de caractère
d'un Tolstoï. La plupart des « paradoxes »
qu'on lui reproche sont les déductions nécessaires des principes « évidents » qu'il a
posés. S'il s'efforce de vivre en ouvrier,
c'est qu'il croit d'abord à l'égalité de tous
les hommes. S'il encourage les Doukhobors dans leur refus de porter les armes,
c'est qu'il a d'abord affirmé le principe
chrétien : Tu ne tueras point. S'il lutte
contre les tribunaux, les juges et les pro-
cureurs, s'il réserve toute sa sympathie
pour les condamnés, coupables ou non,
conscients ou non, c'est qu'il a d'abord
établi le principe de la non-résistance au
mal... Quelques principes peu nombreux,
appuyés sur des observations très simples, lui servent dans le détail de toute sa
vie. Chacun de ses actes est rationnelle-
ment motivé. Il n'y a là nul mysticisme,
et ce sage, qu'on trouve paradoxal, pré-

tend ne se réclamer que du bon sens.

« Deux ou trois vérités, voilà tout! me dit-il. Si l'on avait toujours ces deux ou trois vérités présentes à l'esprit, tout irait bien. Au lieu de s'embarrasser de toutes sortes de sophismes très compliqués, il faudrait qu'on prît une bonne fois la résolution de voir la réalité telle qu'elle est, *la simple réalité!*... Cela viendra peut-être un jour ou l'autre. Quand arrive le printemps, les feuilles s'ouvrent dans tous les pays, en France, en Russie, partout, c'est un rajeunissement général, universel. Et quelle en est la cause? Tout simplement, le temps est venu du rajeunissement universel. »

Tolstoï sourit tristement. Verra-t-il lui même l'avènement des temps nouveaux auxquels il croit de toute son âme, qu'il appelle de tous ses vœux? Moïse n'a pu guider son peuple jusqu'à la terre promise : il lui en a seulement montré le chemin...

J'aurais voulu prolonger indéfiniment cette dernière soirée! Reviendrai-je jamais dans ce lointain pays? Reverrai-je jamais Tolstoï?... Il a été pour moi, pendant ces quelques jours, si bon, si indulgent, si simplement affectueux, que j'éprouve, à le quitter, l'impression douloureuse d'une séparation. Qu'aurai-je gardé de ces entretiens où se révélait son âme sublime? Ah! il serait doux, il serait bon d'être un brave et docile disciple auprès du Maître qui n'a pas de doute sur la vie, qui sait la voie et vous y mène par la main! Tandis que je m'en vais, — pour toujours sans doute, — je me le rappelle tel que je l'ai vu dans les dernières minutes, s'attristant sur la souffrance et sur l'aveuglement des hommes, et souriant, malgré tout, à l'espérance d'une aube nouvelle, et c'est toujours ainsi que je le verrai dans mon souvenir.

XIX

(*Moscou.*)

Pour la dernière fois, je suis les rues de Moscou. Ville endormie sous la neige, ensevelie sous la neige, ville silencieuse et froide, elle se conserve pourtant vivace et féconde, prête à sortir au premier jour de sa torpeur : elle émergera des houles neigeuses, riante et gaie au premier soleil. Je me rappelle un adorable tableau de Polénoff à la galerie Trétiakoff, *Une basse-cour à Moscou* dans la douceur du printemps nouveau. L'herbe fraîche est tendre et fine; les troncs noueux des arbres se rajeunissent de frondaisons nouvelles. L'air est pur et d'une transparence parfaite; les coupoles dorées et les tourelles peintes des églises s'éclairent dans le ciel bleu où de petits nuages blancs s'envolent... Le printemps doit avoir un charme délicieux dans cette ville d'hiver qui garde sous la neige accumulée son énergie et son exubérance. J'en voudrais voir le réveil triomphant et glorieux!...

La Russie dort ainsi, engourdie, semble-t-il, dans une torpeur morne. Dans le tumulte de l'Europe elle est silencieuse. Les Tsars impérieux la font taire, contiennent ses élans, jettent sur elle un suaire lourd. Mais, à des tressaillements sous le suaire, on voit bien qu'elle n'est pas morte; de prodigieuses énergies naissent en elle, se développent et vont éclater. Une pensée intense couve dans l'âme russe, lui donne des sursauts et la soulèvera. A l'air libre, elle s'épanouira, superbe de jeunesse et de fraîcheur, comme les fleurs merveilleuses dont la neige a conservé le germe fragile.

Peuple étrange, si jeune encore et frère pourtant de nos si vieux pays!

L'esclavage existait encore en Russie il y a quarante ans. L'état social actuel

de la Russie est en retard de plusieurs siècles sur la civilisation européenne. Mais, à
côté des vestiges anciens qui nous éton-
nent, il est aisé d'apercevoir déjà l'apparition des nouveautés occidentales. Et
c'est le singulier mélange de tout cela
qui donne à la Russie contemporaine son
étrangeté...

Quelque chose naît là-bas, quelque
chose de prodigieux et de fécond, dans
le silence infini des plaines de neige. Et
cela déchirera, un jour, le suaire lourd
de neige!

XX

(Au café-concert.)

Pour occuper une soirée vide, à Pétersbourg, je me suis laissé entraîner au
café-concert. Lamentable salle ornée des
habituels oripeaux. Des chanteuses, russes,

italiennes, françaises, s'égosillaient dans la fumée des cigarettes. Russes, italiennes, françaises, les mêmes chansons stupides de sensualité basse et de triviale minauderie. Puis, ce fut un triste « numéro ». Un pauvre diable, très pâle, très long et désolant dans son frac étriqué, nous siffla des airs connus d'opéras et de notoires romances. Une pauvre fille, très pâle aussi, très longue et désolante, de noir vêtue, la tête enfouie sous une volumineuse perruque blonde, vient se mettre au piano pour accompagner le siffleur. Furtive, humiliée, elle longea la toile de fond, les yeux bas, effarée. Ils ne firent pas très bonne impression sur la salle, l'un et l'autre, au premier abord. Ce public en gaieté voulait rire ; il souhaitait des exhibitions plus joyeuses, cette apparition de tristesse et de misère lui déplut comme un rappel importun des fâcheuses réalités... Il y avait derrière nous un groupe folâtre de jeunes boyards et de chanteuses françaises. Les jeunes boyards grognèrent, ils allaient siffler le siffleur. Mais l'une des bonnes filles les arrêta : « Ne blaguez pas, c'est un pauvre type qui n'a pas le sou. Si vous le chahutez, le patron le flanquera dehors. On lui donne deux ou trois roubles pour sa soirée; c'est tout ce qu'il a. Le reste du temps, il étudie; je ne sais pas ce qu'il fait, mais *il étudie :* c'est comme un savant. Celle qui l'accompagne, c'est sa sœur; elle met une perruque pour qu'on ne la reconnaisse pas dans cet attirail... » La bonne fille alla de table en table répéter son boniment sympathique : « Ne le blaguez pas, c'est un pauvre type, il étudie... » Le bruit cessa; le siffleur continua ses roulades; il eut presque du succès...

Pauvre garçon qui, tous les soirs, affronte ces humiliations, pour reprendre ensuite sous la lampe l'orgueil de la pensée libre!... *Il étudie*. Encore un que travaille l'amour de la vérité. Et combien, comme lui, dans l'immense empire, autour des universités, travaillent silencieusement, âprement, se résignant pour travailler aux pires misères, à toutes les souffrances. C'est une triste et sublime histoire que celle des étudiants russes; il faudrait la raconter pieusement. On a vite fait de les appeler des nihilistes et de les plaindre avec un peu de mépris. Ces révoltés ne sont pas des nihilistes, une foi profonde les anime. Leur seul rêve n'est pas de détruire. S'ils veulent détruire, c'est pour réaliser ensuite leur rêve. Des pensées confuses les inquiètent, des chimères généreuses les tourmentent. Chimères, — qui sait?... En attendant, ils travaillent. Ils travaillent dans l'ombre, presque sournoisement : il le faut! Ils travaillent avec obstination, dévoués uniquement à leur idée, attentifs seulement à la vérité. Ils la cherchent passionnément et la défendent, l'heure venue, au péril de leur liberté et de leur vie.

C'est la dignité de ce peuple et sa beauté, cet amour effréné de la vérité, passion profonde, intense, qui le tourmente et qui le soutient, à laquelle il est prêt à sacrifier tout le reste. Passion ardente et jalouse! Je crois bien qu'il n'y a plus guère que la Russie où elle subsiste si vivace. Et certes, nulle part ailleurs qu'en Russie la liberté de penser et d'écrire n'est soumise à de tels empêchements. Mais c'est précisément pour cela : nous avons trop de facilité, dans nos pays d'occident; cela n'a presque plus d'intérêt. Au lieu qu'une opinion menacée, opprimée, combattue, et dont l'affirmation est périlleuse, prend aux yeux de son défenseur un air divin de vérité... Puissent-ils conserver, quand ils seront libres, leur belle ardeur et l'implacable sûreté de leurs convictions! C'est de là-bas alors, que viendra la lumière...

XXI

(Le dégel.)

Temps lamentable pour mes dernières heures de Russie : le dégel! C'est venu presque subitement; hier encore il faisait grand froid. Aujourd'hui, la belle neige n'est plus qu'une bouillie sale. Les toits pleurent à chaudes larmes. Il serait à peu près impossible d'aller à pied dans les rues. Les traîneaux prennent des airs de bateaux dans un marécage. Ils tressautent sur les pavés, clapotent dans la boue, éclaboussent, et tracent derrière eux deux grandes bandes d'eau soulevée qui courent en s'élargissant.

KIEW

LES PÈLERINAGES

SOUVENIRS DE KIEW

I

(*Kiew.*)

C'est une ville de jardins, baignée de prodigieuse lumière.

Une ville toute en étages; les rues sont escarpées comme des routes de montagne, larges et bien aérées. Le pavage en est singulier : des espèces de gros cailloux qui sont plantés la pointe en l'air; est-ce exprès?... Les paysannes d'Ukraine y vont pieds nus. Il faut être pour cela spécialement doué; autrement, on n'y peut pas marcher, même avec des souliers. C'est une excuse pour la paresse,

15.

extrêmement agréable : on est tout le temps en voiture. La ville est pleine de ces tout petits fiacres où l'on se tasse, un ou deux, derrière le cocher ; on dirait des voitures aux chèvres pour Champs-Élysées. Seulement, c'est traîné par des petits chevaux trapus et vifs, aux poils ébouriffés en plumet sur le front, qui montent les côtes et les descendent d'un trot rageur ; les roues tressautent sur les pavés avec un vacarme étourdissant, et vous tressautez aussi.

Quelques-uns de ces petits chevaux sont très comiques. Ils ont été jadis attelés de côté à des troïkas et sont restés, à la suite de cet exercice, tout contournés : leur avant-train fait un angle avec l'arrière-main. Tels, ces poissons, pliés en deux, qui ont séché dans des paniers trop étroits...

... Seulement, au haut des rues, voici des jardins et des jardins encore, des éta-

ges de verdure. Cela part, en touffes fraîches, entre les maisons aux toits verts, et
s'éclaire de la lumière du printemps. Une
belle végétation méridionale. Vers la fin
du jour, quand les murs se colorent de
lueurs plus éclatantes, la verdure devient
plus sombre malgré les reflets du soleil
bas. On a des impressions d'Italie, cela
rappelle certains coins de la campagne
romaine. Mais ce n'est pas la même
couleur du ciel; ici, l'air est encore plus
pur et léger.

Des chariots de bois, chargés d'herbe,
passent indolemment. Des paysans les
accompagnent, bottés, en blouses rouges
ou jaunes; les femmes en jupes courtes,
les jambes nues, ont des tabliers de
couleurs vives et des fichus rouges sur
les cheveux. Avec les chariots de bois,
chargés d'herbe fraîche coupée qui traîne
et qui s'effiloche aux pavés de la rue,
c'est la campagne qui vient dans la

ville, qui l'envahit, apportant l'odeur forte des champs et la rudesse de la terre.

⁂

Kiew est une ville très élégante, et très mondaine, et très fêtarde, et très province. Une société raffinée y vit de petits potins et d'insignifiances compliquées. Les questions d'étiquette tiennent la plus grande place dans les préoccupations du monde, dans ses conversations, dans sa vie tout entière. Le régime des castes y est sévèrement observé. Le protocole y est difficile. Le snobisme y fleurit sous sa forme la plus simple et la plus naïve. On expose dans son salon, contre toute esthétique, mais pour la pompe, des bannières conquises à Nice, à la fête des fleurs. On cite François Coppée comme un poète à la mode. On affecte de se plaire surtout aux histoires de Paris, qu'on veut truculentes et vinaigrées. On croit avec ferveur qu'il y a encore un boulevard et des boulevardiers. On s'exagère la qualité mondaine du Moulin-Rouge et des cabarets de la Butte.

On parle français, ou peut s'en faut, — belge parfois. On vous dit pour vous offrir du champagne : « Vous n'avez rien contre la veuve Cliquot ? » Pour donner, d'ailleurs, à ce style un tour plus parisien, on parsème le vocabulaire un peu restreint dont on dispose de mots anglais. Quelques termes d'argot sont employés très innocemment par des dames très correctes, mais qui ne savent pas. On trouve aussi, dans cette langue variée, de belles formes conservées du grand siècle. Ce mélange est très savoureux.

La grande affaire est d'imaginer des distractions, car il y a des semaines plutôt mornes. Alors, on donne des fêtes, avec de la musique, de la danse, et des tableaux vivants. On organise des raouts et des pique-niques à profusion. On se fait des visites ; seulement, comme on n'est pas très nombreux dans la « société », il n'est pas très facile de passer à cela beaucoup de temps. D'autant plus qu'on ne veut pas paraître avoir besoin des autres ; on met à ne rendre que strictement les visites reçues une réserve pleine de dignité : alors, très souvent, on s'attend !

Pour le moment, une **tournée** de l'Opéra de Pétersbourg met la ville en grand émoi. On va tous les soirs au théâtre ; on tient à honneur de ne pas manquer une seule représentation. Pensez donc : Figner et Iakovlev sont là ! Figner et Iakovlev ont, en Russie, la réputation d'être des chanteurs prodigieux. En outre, ils sont « de la société », Figner ayant été jadis officier de marine, Iakovlev officier de cavalerie. On peut donc les admirer en toute confiance, et même les recevoir ;

on se les arrache. Iakovlev a la voix la plus éclatante; il la dépense sans trop y songer. Figner n'a pas beaucoup de voix; mais il utilise ce qu'il possède avec une remarquable habileté. Et madame Figner, l'exquise Medea Mea, n'est pas discutée. Les uns tiennent pour Figner, les autres pour Iakovlev. On donne en leur honneur de grands dîners et des soupers gargantuesques. On se cotise pour leur offrir des cadeaux somptueux. Mais que fera-t-on, à Kiew, quand ils ne seront plus là, Figner et Iakovlev?

*
* *

Le Tsarski-Sad est un merveilleux jardin, qui s'élève en terrasse sur le bord du Dniéper. Aujourd'hui, la chaleur est lourde en ville; on trouve ici, sous de beaux arbres, une ombre fraîche. De grands souffles de vent, qui viennent de la steppe, passent dans les feuillages et balancent comme des éventails les palmes larges des marronniers. Il tombe de je ne sais quels arbres des pétales de fleurs, légers comme un duvet, mais innombrables et drus, un peu poissés et vaguement odorants. C'est une pluie sans fin, régulière et lente, de germes printaniers ; elle se précipite parfois, aux bouffées de vent, puis s'éclaircit.

Dans une sorte de rond-point, sous des tilleuls, joue un pensionnat de petites orphelines. Elles sont drôlement costumées de robes brunes à tabliers blancs, bottées comme des gendarmes, et les pauvres petites têtes s'enfouissent dans de grandes coiffes de bonnes sœurs. Elles se prennent la main et forment un rond pour le jeu du chat et de la souris. Celles qui courent ont un entrain admirable ; elles bondissent comme des léopards, elles ont recours à des astuces merveilleuses pour s'échapper et repartir. Les autres, celles qui font le cercle, regardent avec gravité : elles se baissent et se relèvent pour sauver la souris et retenir le chat. On rit, de temps en temps, un peu, quand la grande s'est laissé attraper par la toute petite : les bouches s'entr'ouvrent pour un bon rire sur des dents blanches. Il est probable qu'on s'amuse beaucoup, mais sans exubérance et silencieusement. Il y a, sur ces figures d'enfants, quelque chose de sérieux et de mélancolique, une sorte d'acceptation tranquille des heures de la vie, sans plus de tristesse que de gaieté...

Une bonne dame apporte une boîte de bonbons. On lui dépêche en ambassade les deux plus petites, deux minuscules fillettes qui disparaissent sous leurs coiffes. Elles se prennent la main et, du drôle de petit pas de leurs bottes, elles vont se camper devant la bienfaitrice; elles lui font, toutes les deux ensemble et bien en mesure, un grand salut respectueux et très comique. La boîte de bonbons est confiée à la maîtresse, pour plus tard. Et puis on reprend le jeu, très gravement. Une souris succède à l'autre, — et ce doit être ainsi tous les jours...

... Il faut monter. Le Tsarski-Sad se termine en terrasse et domine la steppe immense. C'est le plus extraordinaire paysage de lumière que j'aie vu. La steppe s'étend, infinie, comme la mer, jusqu'à l'extrême limite où le regard peut atteindre, monotone, déserte, sans villages, plaine morne de silence et de solitude. Morne, égayée pourtant de lumière, variée de reflets et de lueurs, avec des alternatives d'ombre que les nuages y promènent. Le Dniéper débordé la sème de lacs et d'étangs clairs, bleus et blancs sous le ciel. Au delà, c'est une immense prairie d'herbe toute fraîche; des prairies et des champs, de l'herbe jusqu'à l'horizon, pâle ou foncée, verte et blanche et jaune par endroits, suivant les jeux de la lumière.

Ce qui distingue ce pays de tous les autres, je crois, c'est une qualité particulière de l'air, une pureté, une absolue transparence qu'on ne trouve pas ailleurs. On n'y voit pas errer de brumes ou de buées ; les lointains ne se brouillent pas en lignes vagues, en teintes bleutées ou violacées où se perd le détail des choses. Non, jusqu'à l'horizon c'est aussi net qu'au premier plan : les champs variés, les touffes d'arbres épars çà et là s'y aperçoivent sans confusion. Le charme étrange et l'attrait captivant de la plaine d'Ukraine ne lui viennent pas du mystère des brumes. Seulement, elle est à la fois précise et sans cesse changeante, elle a ses houles, comme la mer ; les vents du large inclinent devant eux les grandes vagues de l'herbe, et l'éclairage les transforme, les renouvelle et les multiplie. Incessam-

ment mobile et toujours différente d'elle-
même, mais toujours claire et nettement
visible en toutes ses délicatesses, elle doit
au perpétuel mouvement de sa couleur et
de ses lignes sa décevante beauté.

La promenade élégante, c'est, à cinq
heures, le pont du Dniéper. Cela ressemble aux Acacias, à Hyde-Park, aux jardins Boboli, à l'une quelconque de ces
exhibitions internationales de toilettes,
d'équipages, de professionnelles beautés,
ou de laideurs, du moins bien habillées.

Mais le matin, quand il n'y a personne
encore, elle est délicieuse cette promenade au Pont. On descend, au trot des
petits chevaux rageurs, de longues avenues d'arbres qui vont en lacet vers le
fleuve. Elles s'entrecroisent, elles sont
interminables. Aujourd'hui, l'air est merveilleusement pur. On aperçoit, à travers
les feuilles, la steppe toute baignée de
clarté. C'est une fête de lumière matinale

que la chaleur n'alourdit pas encore. J'ai croisé des groupes de paysans qui montaient vers la ville. Pour une fête en quelque église? Je ne sais; mais ils avaient les bras chargés de lilas fleuri. Et d'autres qui survenaient portaient aussi du lilas. Allaient-ils célébrer les divins rites printaniers, allaient-ils glorifier l'épanouissement des germes nouveaux et l'adorable floraison du bonheur?... Les lilas parfumaient la route et leur odeur était enivrante, enivrante aussi la lumière, et l'air était enivrant à respirer, à boire : il semblait qu'il eût une saveur inaccoutumée. Des alouettes délirantes partaient en fusée vers le ciel... Puis, le Dniéper apparut, dans un éblouissement!

Ah! la fête des choses, la joie du soleil, la griserie de la lumière, et toute l'infinie douceur de la Nature ensorcelante. Charme de l'heure!... Ah! la fixer, en faire durer la merveilleuse exaltation! Il y a de telles heures, si parfaites qu'on les croirait dues à la délicate conspiration des circonstances nombreuses, à l'accord miraculeux de l'âme avec toutes les choses, de toutes les choses avec l'âme, — si parfaites et si fugitives, — plus précieuses encore et plus prestigieuses d'être fugitives et irretrouvables !...

*
* *

Les soirées sont charmantes, d'une tiédeur savoureuse. Le crépuscule se prolonge avec une suave lenteur. On n'entend plus aucun bruit dans la ville, lasse des heures lourdes du jour.

Et puis commence la belle nuit. Il n'y a pas un nuage au ciel. Les étoiles ont un éclat prodigieux. Seulement, malgré leur féerique illumination, le ciel est absolument noir ; aucune lueur ne s'y répand et les étoiles s'y détachent avec plus d'intensité.

II

(Les pèlerinages.)

Le Podol est le quartier bas de Kiew. Il s'entasse sur une espèce de plage resserrée entre le Dniéper et la ville haute. C'est un port de commerce avec des quais grouillants. Vers le sud, le Podol est bordé de collines abruptes et boisées.

C'est la ville pauvre. Le tout petit commerce y est concentré, les échoppes sordides, les boutiques de bois branlant, les vendeurs en plein vent qui s'accroupissent le long des murs.

Sur la plus grande place, il y a le bazar, étonnant marché, sorte de foire permanente pour la marchandise vile, fichus rouges pour les cheveux, tabliers, bottes de feutre et de cuir, et puis de la viande à bas prix, du pain noir, et des chapelets, des amulettes. Dans un coin, la Fontaine de Salomon, toute peinturlurée, où les gens vont boire et se laver un peu, — si peu !

Le Podol est plein d'églises aux grands murs blancs peints à la chaux, surmontées de clochers d'or, de coupoles bleues ou vertes. Aux portes, il y a des moines, sordides, avec de grands bonnets noirs sur leurs longs cheveux.

… Je ne sais rien de plus triste que ce Podol, avec ses pauvres rues étroites bordées de maisons sales et fétides, et toute sa population lamentable de misère ou d'avarice.

Pendant ces semaines d'après Pâques, il est plus extraordinaire encore. Des milliers de pèlerins y stationnent, venus de tous les coins de l'Empire, de la Petite-Russie et de la Russie-Blanche, du Caucase et de la Sibérie, vers Kiew la ville sainte. Ils arrivent ou s'en vont ; les uns

suivent les autres. Mi-pèlerins, mi-men-
diants, pauvres diables sans feu ni lieu,
parfois un peu riches tout de même chez
eux, — mais ils font vœu de voyager
comme des vagabonds, au jour le jour,
et sans travailler pourtant, puisqu'ils ont
interrompu, pour quelques semaines de
vie contemplative, leur labeur de campa-
gnards.

Leur seul gagne-pain consiste à tendre
dévotement la main. Ils sont vêtus de prodigieuses guenilles, de touloupes longs,
de peaux de chèvres, de manteaux drapés;
— ils sont vêtus principalement de trous
et de vermine. Ils sont coiffés de bonnets
de fourrure, de casquettes géantes, de
chapeaux abolis. Les femmes suivent, en
robes courtes, brunes ou blanches ou qui
le furent, les pieds nus ou chaussés de
bottes, emmitouflés aussi parfois de linges
et de lianes de roseau. Des tabliers brodés
à gros points rouges et bleus battent leurs

genoux. Leurs cheveux sont casqués de foulards éclatants, rouges, à ramages, comme des turbans ou comme des tiares.

Tout cela, les hommes et femmes, extraordinaire ramassis d'Asiatiques farouches, marche en longues bandes, avec lassitude, avec résignation, des bâtons tors aux mains, le bissac sur l'épaule. Les femmes traînent après elles de petits enfants, ou bien elles les portent sur leur dos, emmaillotés des mêmes linges qu'elles, ficelés sur elles comme des paquets. On dirait des barbares en train d'émigrer, fuyant quelque invasion de peuples lointains, après la ville prise.

La caravane chemine, lente, interminable.

Devant les églises et les chapelles, ou si seulement on aperçoit un dôme entre les arbres, les pèlerins s'arrêtent et commencent leurs signes de croix accompagnés de grands saluts de tout le corps. Ils en font des centaines de suite, sans arrêt, comme des automates; ils se redressent et récitent des prières sans fin. Parfois, ils s'allongent sur le sol, embrassent la terre. Puis ils repartent. Il y en a qui s'accroupissent devant une image peinte de la Vierge ou des Saints, éclairée de veilleuses. Et, s'il passe une voiture, il faut qu'elle les contourne; car ils ne bougeraient pas. Ils restent là, immobiles, des heures durant.

On n'imagine pas ce que peut bien être leur vie contemplative. A quoi pensent-ils? que voient-ils? comment enchaînent-ils leurs mots d'adoration? que disent-ils quand ils ont épuisé les phrases traditionnelles, consacrées depuis le lointain passé, qu'ils ont apprises et qu'ils savent? Probablement, ils les recommencent, sans cesse, sans fin... Leur regard lourd semble sans pensée. Et parfois ils s'assoupissent... Le sommeil est la forme la plus simple de la contemplation mystique.

Ils entrent dans les églises et s'y entassent confusément. L'éclairage de cierges et de veilleuses qui reluit sur l'or, sur l'argent, sur les pierreries des icones, sur les visages embus des Vierges et des Enfants divins, l'odeur intense , la chaleur lourde et le chant des prêtres les fascinent. C'est une mélopée violente, interminable, qui s'exalte et s'adoucit, éclate et se prolonge avec de rauques rumeurs. Parfois cela s'élève en une clameur de désespoir et de sauvage malédiction, cela gémit et se lamente, cela pleure et compatit, et tantôt caresse et tantôt menace. Des voix d'enfants se mêlent à celles des chantres, avec des alternatives angoissantes de plainte désespérée et de brutale imprécation.

Les pèlerins sortent, plus las, comme ahuris, l'échine brisée de salutations, les jambes raides. Leurs bouches contractées, leurs rides grimaçantes, leurs yeux cli-

gnants à la clarté du jour, les font res-
sembler à des symboles de fatigue et de
souffrance lourde.

Ils cheminent vers d'autres églises où
sont des images renommées. Ils vont
baiser le métal froid des reliquaires, en
long défilé morne.

Vers la fin du jour, ils s'étendent pêle-
mêle, pour le repos du soir, sur le sol fan-
geux des places, autour des églises. Ils
sont tassés les uns contre les autres, en-
chevêtrés, mêlés. Ils ruminent du pain
noir ou bien grignotent des graines de
tournesol, comme de vieux perroquets las
qui n'ont plus de force que dans leur bec.

Ils sont innombrables. A chaque instant,
il en arrive, qui rejoignent pour la nuit.
Et puis, ils s'endorment peu à peu. Le
sommeil les terrasse, comme des brutes
harassées, effondrées après les journées
trop chaudes, de torpeur et de bestiale
fatigue. L'un d'eux parfois se relève pour

se gratter, ou pour détendre ses muscles
engourdis, ou pour secouer quelque cauchemar, et retombe lourdement.

Ils sont campés sans tentes ni bivouacs,
comme des peuples en voyage, qui seraient lâches et paresseux...

Je me suis promené longtemps au milieu d'eux, circulant à travers les groupes
épars. J'ai regardé leurs yeux indéchif-
frables, où luisent parfois d'incompréhensibles regards, où dort sans doute un rêve
obscur et mystérieux. Ils ne s'occupaient
pas de moi, mon indiscrète attention ne
les troublait pas. Ah! c'est bien l'impression la plus troublante et la plus angois-
sante : ne rien sentir de fraternel dans
des yeux humains, n'y apercevoir qu'une
lointaine, indifférente, inassimilable
pensée!...

Le soleil baissait. Un silence morne s'é-
tendit sur le campement; il s'engourdit
dans une définitive immobilité, les der-

niers remuements d'avant le sommeil cessèrent. J'ai senti, avec un frisson, l'approche sournoise du chien-et-loup. Je n'ai pas voulu voir tomber la nuit sur la tourbe lamentable : ce devait être d'une trop insupportable tristesse. Je me suis enfui et, pour regagner les Lipki, les fraîches avenues solitaires de tilleuls, j'ai pris une route montante, encaissée de talus en broussailles.

Je gravissais la pente rude; les dernières lueurs du jour rougeoyaient la terre éboulée des talus. Un chien perdu courait follement.

Je me suis senti retenu par le bras. Un petit mendiant, miraculeusement sale, baisait ma manche et m'implorait de ses pauvres yeux malades. Je lui jetai quelques copeks et me dégageai de son contact. D'autres survinrent, des jeunes et des vieux, des femmes, surgis je ne sais d'où, comme s'ils s'étaient appelés, comme si quelque magie les avait évoqués dans le paysage désert. Haillons, scrofules, jérémiades; ils s'ameutaient. Ils se disputaient l'étoffe de mon manteau pour la baiser. Et plus je jetais les vils copeks, plus les mendiants se multipliaient, m'entouraient, m'enserraient, se prosternaient et m'emprisonnaient dans leur cercle tumultueux de hideuse misère. C'était effroyable, cette chair immonde qui s'attachait à moi... J'ai marché sur un corps prostré, je me suis sauvé...

Un enterrement descendait la côte. Le prêtre, en robe d'or et tiare d'or, un parapluie de coton bleu ouvert contre le soleil couchant, marchait devant. Il allait plus vite qu'il ne voulait, cahin-caha, par la descente rude, heurtant ses souliers aux cailloux; il chantait, il criait les prières avec frénésie. Le corbillard venait ensuite. Une femme s'y tenait attachée de la main gauche et se laissait tirer, traîner par le char. Elle se lamentait, gémissait, hurlait, et, de la main droite sans cesse brandie, faisait mine de chasser quelque chose, des démons sans doute, des esprits mauvais, ou bien peut-être la mort. On m'a dit depuis que ce devait être une pleureuse à gages. Les gens qui suivaient semblaient calmes, aisément résignés, ennuyés surtout d'aller si vite et de butter aux mauvaises pierres de la route...

J'ai continué mon chemin sans plus rencontrer personne, — sauf, assis dans le creux d'un taillis, un vieil aveugle qui chantait, tout seul, quelque chose de très drôle sans doute, — car il riait...

*
* *

Parfois, des bandes de pèlerins se hasardent dans la ville haute pour en visiter les églises.

Elles sont nombreuses. La cathédrale de Saint-Vladimir est l'orgueil de Kiew.

Et je ne sais pas pourquoi, car elle est vraiment laide. Une grande construction récente, à peu près byzantine : on peut en vanter, je crois, les matériaux, qui sont de premier ordre. L'intérieur est orné des compositions de Waznetsoff. Ce peintre est très à la mode dans la bonne société, parce qu'il ne prend pas de ces sujets empreints d'esprit révolutionnaire qu'affectionnent ordinairement les peintres russes. Mais il est mystique, un peu symboliste, élégant et précieux. D'ailleurs, on retrouve, dans ses figures de saintes ou d'archanges, les traits de ses modèles, — et ses modèles sont de belles dames de Kiew. Évidemment, cela plaît. Si l'on veut apercevoir combien est médiocre ce pseudo-byzantinisme, il suffit d'aller visiter la cathédrale Sainte-Sophie, une des plus anciennes de toute la Russie; on y trouve les restes effacés de véritables fresques byzantines. Elles sont en bien

mauvais état, presque effritées, souvent
restaurées ; mais les regards qu'on devine
à ces visages mystérieux, le pli des lèvres
plein d'amertume, la physionomie pensive
dans son immobilité hautaine, ont une tristesse qu'on n'oublie pas.

Les pèlerins sont indifférents à ces détails d'esthétique. Ils vont à toutes les
églises. Ils sont innombrables surtout à
la Lavra. C'est toute une ville, un entassement confus d'églises et de chapelles, une
ville entourée de murs et comme fortifiée.
Une grande cour intérieure est destinée au
campement des pèlerins. Ils viennent voir
la châsse de cyprès qui contient le crâne
de Saint-Vladimir et visiter les Grottes,
effroyables souterrains où les moines se
creusent des cellules. On défile, avec des
cierges à la main, à travers des corridors
sans fin. Et voici, dans des sarcophages
d'or, et revêtus de costumes somptueux,
les cadavres momifiés de Varlaam, fils de

boyard et qui fut le premier abbé de la Lavra, d'Antoine qui vint du Mont Athos, et
de Nestor, le moine lettré qui écrivit l'histoire de son temps. Et voici, sur la terre,
un bonnet de velours rouge. Il recouvre
la tête de Jean le Souffrant. Il y a sept ou
huit siècles, Jean le Souffrant voulut qu'on
l'enterrât tout vif, la tête seule dépassant
le sol qui l'ensevelissait. Il a vécu trente
ans ainsi. N'en doutez pas ! Après sa mort
on l'a laissé là. Seulement, le corps s'est
enfoncé... A présent on ne voit plus que
le petit bonnet de velours rouge...

Les pèlerins s'émerveillent. Il y en a
qui pleurent, et tous se signent. Ils baisent
les sarcophages. Et la longue file reprend
sa marche lente à travers les corridors
étroits, dans l'odeur oppressante de la cire
chauffée, de l'air enfermé, des corps sordides. Enfin ils sortent, éblouis du beau jour
céleste, et s'en vont à d'autres chapelles,
tous, les estropiés, les aveugles, les men-

diants, étonnante Cour des Miracles en cortège de dévotion.

III

(Sur le Dniéper.)

Nous sommes allés visiter la tombe de Chevtchenko. Le poète de la Petite-Russie est enterré près de Kaniew, dans un coin de campagne presque désert... C'est tout un voyage.

On prend à Kiew le bateau sur le Dniéper.

Les quais sont encombrés de pèlerins qui s'en retournent. Il y en a des centaines. Ils sont assis, en tas ignoble, attendant l'heure, ou bien accroupis, écrasés de fatigue sous le soleil. Il nous faut traverser la tourbe hideuse pour arriver à l'escale, contourner les corps prostrés, les frôler, sauter par-dessus les têtes et les jambes. On a peur de s'empêtrer et de tomber sur cette chair.

Il y en a déjà sur le bateau. Leur foule envahit le sous-pont, les escaliers, les couloirs. Ils tâchent d'escalader la passerelle. Mais les matelots les repoussent rudement : ils s'en vont, avec des grognements, comme des bêtes qu'on chasse. Et nous restons seuls devant l'émerveillement du Dniéper ensoleillé.

Il est cinq heures. Des bacs traversent le fleuve, d'une allure lente. Ils sont conduits à coups de rames longues par des hommes bronzés, en blouses rouges, jaunes, violettes.

Au premier mouvement du bateau, les pèlerins accroupis dans le sous-pont se dressent et se signent, tournés vers les coupoles d'or ou de couleur pâle.

Nous quittons Kiew, toute lumineuse, resplendissante, scintillante et comme baignée de lueur douce.

Le Dniéper est large. Il coule abondamment entre ses rives molles. Rien de plus monotone que cette longue promenade sur l'eau calme; rien de plus varié pourtant, car le soleil joue sur les verdures du bord, sur la surface changeante du fleuve. Les rives sinueuses ont la souplesse et la grâce d'une corde qu'on lance. Elles s'abaissent et s'élèvent, sans brusquerie, sans rien d'abrupt ni de violent. Les masses d'arbres, amples et lourdes, sont noires et se découpent en touffes épaisses. Puis, le feuillage s'espace et s'allège. Les hêtres et les bouleaux, en fines dentelles vertes, blanches quand le vent les retrousse, se dessinent sur le ciel. Plus loin, vers l'horizon, sur la ligne pâle des collines, se dressent des silhouettes grêles de peupliers épars. La soleillade, claire et bien unie, se répand en ondes pures sur la tranquillité des plaines. Nous croisons des bateaux de pêcheurs. Des hommes barbus y sont debout, comme des chefs barbares.

Le fleuve semble clos de tous côtés. On dirait un lac qui s'ouvre et qui se referme, variant à l'infini la courbe de ses bords, les abaissant, les élevant, les dessinant avec une fantaisie charmante.

Une barque passe près de nous, où des hommes chantent, en ramant, une sorte de rauque psalmodie qui scande leurs gestes, accentue leur effort. Les rames soulèvent du soleil ruisselant. Ils chantent avec une sorte de joie exubérante, la joie d'être forts, la joie d'être jeunes.

... Comme des flottilles amarrées, voici des îles de verdure, et puis des dunes de sable jaune que le soleil illumine. Et puis, des radeaux de bois flottant, larges comme des villages, et qui s'en vont lentement, confiés au cours du Dniéper. Des maisonnettes y sont construites, des cabanes comme des chalets suisses ou comme de petits casinos; toute une population y gîte pour les longs jours de voyage. Les planches de bois frais rougeoient au soleil; on les dirait saignantes. Cela ressemble parfois à ces paysages chinois qu'on voit sur les étoffes peintes, des paysages d'eau bleue et de ciel bleu, avec de petites maisons légères où la lumière flamboie.

Le ciel est d'un bleu limpide; l'eau prend sa couleur, plus pâle seulement, tachée de blanc par endroits avec des plissés sombres. Les mouettes jouent, tournoient, vont et viennent, folles, exaspérées : elles crient; elles se laissent emporter au vent qui les pousse, qui les soulève, qui les retourne et fait voir la doublure blanche des ailes.

Ici, le Dniéper débordé s'étale en large traînée pâle, égratignée de buissons noyés; des arbres submergés s'y dressent étrangement.

Des prairies, des plaines sans fin d'herbe jeune et toute claire...

Le soleil bas répandit de rouges lueurs, embrasa le fleuve d'éclatants rayons que réverbérait le miroir de l'eau. L'air se violaça...

Et puis, le soir tomba.

La lune, qui semblait au ciel une petite nuée perdue, se précisa. Pour l'approche du soir, on eût dit que le paysage se préparait. La campagne devint silencieuse. Dans l'ombre crépusculaire, les détails des choses s'effacèrent; les nuances variées se fondirent en masses unies, en longues lignes colorées. Les gros souffles de vent s'apaisèrent et ne furent plus qu'une fraîche et molle brise qui frôlait comme une caresse la surface de l'eau. Une divine tranquillité naquit dans le recueillement des choses attentives. La nature attendait l'arrivée mystérieuse de la nuit.

Les moires souples que soulevait, dans

l'eau luisante, le sillage du bateau réfléchirent les couleurs éclatantes du couchant. Les rayures longues, roses et vertes d'abord, puis rouges et orangées, prirent une nuance merveilleuse de rouille liquide. Ensuite, elles furent violettes, s'assombrirent et se perdirent dans l'ombre avec des tons de suie.

Enfin, le clair de lune s'épanouit, et le ciel fut si lumineux qu'à peine y distinguait-on, pâles et sans fièvre, les étoiles. Des souffles chauds passèrent, d'autres plus frais dans la nuit tranquille, silencieuse, sans odeurs de fleurs, d'herbes ni d'arbres, mais radieuse de clarté... Un petit oiseau s'est posé sur ma main, furtif, avec une caresse douce et d'une tiédeur voluptueuse... Il faisait bon respirer l'air nocturne.

Les rossignols se mirent à chanter, éperdument. Ils étaient innombrables dans les bois, sur les deux rives. Leur voix

chaude s'exhalait en modulations passion-
nées. Ils semblaient se répondre, et,
quand les plus proches se taisaient, on
entendait les autres au loin. On eût dit
que l'immense nuit en était pleine. Leur
chant sembla l'âme mélodieuse de la
belle nuit.

Les heures passèrent, limpides et se-
reines...

L'aube, sur le Dniéper, fut violette et
verte et rouge. A la mort des étoiles, un
peu de rosée tomba. Le croassement des
grenouilles, sur les rives étalées en larges
mares, déchira le doux silence. Puis, la
chaleur du soleil s'épandit de nouveau sur
la terre pâmée, en nappes ardentes et
vibrantes.

Il faut encore, en quittant le Dniéper,
faire un long chemin, en tarentass et puis
à pied, pour arriver à la tombe du poète.
Il faut escalader une colline abrupte par
des sentiers de chèvres. On aperçoit alors

la' haute croix dressée sur le tertre ga-
zonné. Elle est seule, dans un petit en-
clos planté de hêtres et de poiriers sauvages, d'arbres à fleurs au feuillage
léger...

(La tombe qui fut pieusement élevée par
les Petits-Russiens à leur poète, en vérité
n'est pas d'un goût parfait; — même, elle
est ornée d'un médaillon de bronze un peu
fâcheux... Mais cela n'a pas d'importance...)

Du tertre, on domine la steppe, éblouis-
sante sous le soleil, avec ses collines basses et ses prairies d'herbe nouvelle. Le
Dniéper l'inonde souvent. Il y a laissé de
grandes flaques d'eau toutes bleues : on
dirait qu'elles sont bleues par elles-
mêmes, car le ciel est presque incolore, à
force d'être lumineux. Une colline pier-
reuse et toute dépouillée étonne par l'infinie variété des couleurs dont elle s'é-
maille; mais tout cela se fond en quelque

chose de clair, pâle et doux, — et c'est un
peu comme un tableau de Monet. De petites maisons carrées, entourées de vergers
en fleurs pleins de ramages d'oiseaux, se
tassent au bord du fleuve et, par la plaine,
s'espacent et font tache dans la clarté monotone du paysage; de petites maisons
blanches : on les repeint aux temps de
fêtes, on les a repeintes à Pâques...

« Je demande bien peu — à Dieu : rien
qu'une chaumière — à la lisière du bois,
— et deux peupliers près de la chaumière,
— et ma pauvrette chérie, — ma petite
Oksana, pour pouvoir avec elle — regarder de la montagne — le large Dniéper,
les vallées, — et les hauts tombeaux, —
regarder, et songer, et rêver : — qui les a
élevés ces tombeaux ? — qui a-t-on enterré dessous? — Et nous aurions chanté
à nous deux — la légende terrible et ancienne — du noble hetman — que les
Polonais brûlèrent à petit feu. — Et puis,

nous serions descendus de la montagne
— et nous nous serions promenés, — au
bord du Dniéper, dans la forêt sombre, —
jusqu'à la nuit; — jusqu'à ce que toute
créature de Dieu dorme — et que la lune
se lève — derrière la montagne. — Nous
aurions prié et, causant doucement, nous
serions rentrés — dans la petite chaumière (1). »

Oui, c'est une telle petite maisonnette
blanche que, toute sa vie, rêva d'avoir,
au bord du Dniéper, le pauvre poète. Il
ne l'eut jamais. Il fut sans cesse pour-
chassé, persécuté, il se vit jeter dans un
régiment comme soldat. On lui tua son
génie, systématiquement, avec des procédés de police furieuse, afin qu'au sortir de
« l'atroce caserne » il fût hors d'état de
nuire. L'histoire des poètes russes est
lugubre : entre tous, Chevtchenko fut un

(1) Chevtchenko, traduit par Ivan Strannik. V. le
Journal des Débats du 17 avril 1899.

des plus malheureux. C'est qu'on ne s'a-
charnait pas seulement contre son libéralisme. On lui en voulait surtout d'être un
des apôtres du mouvement petit-russien.
A présent, il repose au bord du Dniéper
dont les roseaux tremblent doucement au
frôlement des ondines, et son tertre domine la terre d'Ukraine qu'il a chantée.
Les Petits-Russiens font à sa tombe des
pèlerinages.

Au retour, sur le Dniéper, un vent fou,
comme en pleine mer, avec une lourde
chaleur d'orage. De grandes bourrasques,
chargées de poussières venues on ne sait
d'où. Cela ne se calma qu'à la fin du jour.

Il y avait quelques nuages. Le coucher
du soleil fut étrange, éclatant et resplen-
dissant comme lorsqu'il incendie le ciel,
mais tout blanc, blanc d'argent, sans un
reflet rouge ni jaune. Il s'éteignit dans
des tons gris et pâles. Les nuages, comme
consumés, semblèrent une cendre épaisse

qui s'éparpille, tombe silencieusement sur tout le paysage, l'ensevelit dans l'ombre et dans la paix du crépuscule.

La lune se montra, un peu rosée seulement, avec un halo : une figure de pierrot un peu gris. A sa lueur, les rives prirent des apparences fantastiques. Un arbre qui s'élevait au milieu d'un buisson semblait avoir une jupe, une mante, et des cheveux en l'air. D'autres eurent des formes de bêtes singulières, girafes, panthères bondissantes, ichtyosaures, et des griffons et des licornes, ménagerie de légende qu'on eût dite évoquée par une étrange magie.

On apercevait, très loin, des silhouettes grêles de petits bateaux, tout noirs, avec des hommes debout, comme des fourmis en colère, qui se dressent. Il y avait, épars dans l'eau, des reflets d'étoiles et le rayon pâle de la lune.

Les nuages grossirent; ils filaient vite,

sous la tempête, comme une cavalerie fantastique, tandis que le calme, peu à peu,
était revenu sur le fleuve. Et nous passâ-
mes près du Bois des Sorcières; il semblait d'ailleurs tout à fait tranquille. Sans
doute elles dormaient...

Enfin, Kiew apparut, tout illuminée.
Derrière les touffes d'arbres, les lumières
innombrables se cachaient et reparais-
saient, couraient comme des étincelles.
Un yacht nous croisa, tout pavoisé. Des
bohémiens y chantaient, avec l'accompa-
gnement frénétique des violons.

Mais il fallut traverser encore, en des-
cendant, la foule endormie des pèlerins,
entassés sur le quai pour la nuit.

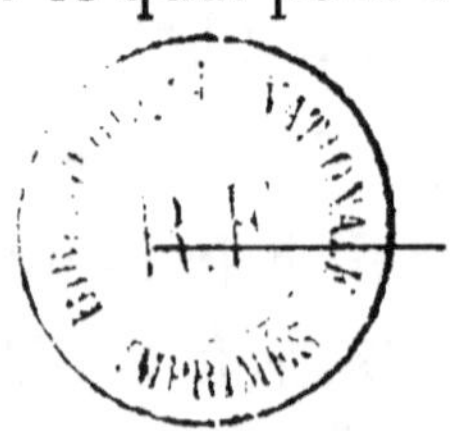

TABLE DES MATIÈRES

KIEW

Typographie Firmin Didot et Cⁱᵉ. — Mesnil (Eure).